Memórias em palavras

TATIANE
GUIDONI
GIMENEZ

Memórias em palavras

Labrador

© Tatiane Cristina Pereira Guidoni Gimenez, 2025
Todos os direitos desta edição reservados à Editora Labrador.

Coordenação editorial Pamela J. Oliveira
Assistência editorial Leticia Oliveira, Vanessa Nagayoshi
Capa Amanda Chagas
Projeto gráfico Vinicius Torquato
Diagramação Emily Macedo Santos
Preparação de texto Monique Pedra
Revisão Ariadne Martins

Dados Internacionais de Catalogação na Publicação (CIP)
Jéssica de Oliveira Molinari - CRB-8/9852

Gimenez, Tatiane Cristina Pereira Guidoni

Memórias em palavras / Tatiane Cristina Pereira Guidoni Gimenez. – São Paulo : Labrador, 2025.
128 p.

ISBN 978-65-5625-841-6

1. Crônicas brasileiras 2. Memórias 3. Reflexões I. Título

25-1346   CDD B869.8

Índice para catálogo sistemático:
1. Crônicas brasileiras

Labrador

Diretor-geral Daniel Pinsky
Rua Dr. José Elias, 520, sala 1
Alto da Lapa | 05083-030 | São Paulo | SP
editoralabrador.com.br | (11) 3641-7446
contato@editoralabrador.com.br

A reprodução de qualquer parte desta obra é ilegal e configura uma apropriação indevida dos direitos intelectuais e patrimoniais da autora. A editora não é responsável pelo conteúdo deste livro. A autora conhece os fatos narrados, pelos quais é responsável, assim como se responsabiliza pelos juízos emitidos.

À minha filha, Valentine Gimenez, meu anjo, minha joia rara, minha inspiração, meu presente de Deus; que chegou para me ensinar o que é o AMOR INCONDICIONAL e me fez um ser humano melhor depois de me tornar mãe.

À minha mãe, Nilda Aparecida Pereira, meu exemplo de força e resiliência, que, como uma leoa, sempre lutou por suas crias. Quando criança, pensava: "Quando crescer, quero ser como ela".

À minha avó materna, Jandira Pereira Sclaunick (*in memoriam*), que foi minha segunda mãe e teve grande participação na minha educação, além de me ensinar muitos dos valores e princípios que carrego.

À minha irmã, Eduarda Pereira Pescuma, que mesmo já sendo uma mulher, para mim continuará sendo "minha irmãzinha"; aquela menina delicada, de quem eu sempre quis cuidar, ensinar e proteger, e que me orgulha muito.

À minha tia, Sandra Benedita Sclaunick (*in memoriam*), que me defendia com unhas e dentes e sempre teve orgulho de mim.

Ao meu amor, meu porto seguro, meu marido, José Alberto Gimenez, que só nasceu em época diferente da minha, mas tenho certeza que "nossos destinos foram traçados na maternidade".

AGRADECIMENTOS

A Deus, Nosso Criador, meu Protetor, meu Guia, que sempre esteve e ESTÁ ao meu lado, me livrando de tantos males e perigos da vida, me segurando com Suas mãos poderosas e me indicando caminhos a serem percorridos.

À minha mãe, por ter me carregado em seu ventre durante nove meses, me dando a vida, mesmo tão jovem, solteira e inexperiente. Por ter me ajudado a ser forte, ter fé, ser resiliente, a ser uma pessoa do bem e a enfrentar a vida de cabeça erguida, mesmo nos momentos mais difíceis.

À minha filha, Valentine, que me deu a oportunidade de ser mãe; que me impulsiona a ser cada vez mais compreensível, sensível e solidária para com o próximo.

À minha irmã, Eduarda, que mesmo sendo quinze anos mais jovem que eu, me ensinou muitas coisas da vida, inclusive a ser mãe, já que ajudei em seus cuidados quando criança; e que muito me auxiliou em várias ocasiões, até mesmo cuidando da minha filha.

SUMÁRIO

Introdução	13
Reflexões	16
A leitura, o exemplo e o incentivo	19
Baliza de mãe	22
A mãe da minha amiga	24
Mãe chata	27
A difícil missão de educar	29
Memórias de uma infância feliz	31
A guerra é nossa vizinha	34
A guerra continua	36
A covardia por trás dos fakes	38
A arte de saber ensinar e ser especialista em amor	40
Vamos doar empatia?	43
O racismo nosso de cada dia	45
Diga não à adultização infantil	48
Mulher, a força do mundo	51

O melhor nem sempre é melhor ——————— 54

Um confronto difícil ————————————— 56

Redes sociais: aliadas ou vilãs da sociedade? —— 59

Um filho ————————————————— 62

Francisco não é chico ——————————— 65

As caixinhas e a caixa-preta ————————— 68

O bem sempre vencerá o mal ————————— 71

A intolerância do dia a dia —————————— 73

A beleza do ser ——————————————— 76

Drogas legais também viciam
e causam estragos —————————————— 78

Gentileza faz um bem danado! ————————— 81

Obrigada, mãe! ——————————————— 83

Sombrinha ou guarda-chuva? ————————— 85

Obrigação de criança: brincar e ser feliz! ———— 88

Não subestime as drogas ——————————— 92

Pais dos nossos pais ————————————— 95

Brademos também pelos deveres de todos ——— 98

A "brincadeira" que constrange ———————— 01

Um sonho —————————————————— 105

Meu cabelo, minha identidade! ————————— 110

A felicidade mora ao lado? Mora dentro? ———— 113

Gratidão: uma corrente para nossa evolução —— **117**
Aprendendo com as crianças ———————— **120**
Natal ——————————————————— **123**
Um novo tempo ————————————— **126**

INTRODUÇÃO

Meu nome é Tatiane Cristina Pereira Guidoni Gimenez. O nome é grande, mas não é de rainha, tampouco de princesa. Pelo contrário: é o nome de uma plebeia, e tenho muito orgulho de minhas origens.

Antes, era só Tatiane Cristina Pereira. Depois, aos dezesseis anos, acrescentei o sobrenome Guidoni, vindo do meu pai. Por último, aos 38 anos, veio o Gimenez, do meu marido.

Nasci de parto normal, em 20 de janeiro de 1981, na Irmandade de Misericórdia de Sertãozinho (SP), a Santa Casa — único hospital público do município. Sou filha de Nilda Aparecida Pereira, que foi mãe solo aos dezessete anos.

Vim de uma família humilde e passei parte da minha infância no Conjunto Habitacional Antônio Nadaletto Mazer, conhecido como Cohab 1, em Sertãozinho.

Meu núcleo familiar era composto pela minha avó materna, Jandira Pereira Sclaunick (*in memoriam*); pelo meu "vodrasto" Moacir Sclaunick (*in memoriam*), a quem chamava de pai; pelos meus tios Sandra Benedita Sclaunick (*in memoriam*), Sandro José Sclaunick, Ademir Aparecido Sclaunick e Valdemir Sclaunick, além da minha mãe, Nilda.

Até os oito anos, eu era a queridinha da casa. Depois, nasceu minha prima Carla, filha da saudosa tia Sandra, que passou a ser o xodó da família.

Filha única até os quinze anos, ganhei mais uma companheira: minha irmã Eduarda, com quem aprendi os primeiros passos para a maternidade.

Essa foi a base familiar que me deu sustentação em todos os momentos da minha vida.

Mesmo passando por diversas dificuldades ao longo de muitos anos, nada me fez esmorecer, desistir dos meus sonhos ou perder a alegria de viver essa bela vida, que considero um presente divino.

Um dos sonhos que realizei foi a conclusão do ensino superior. Sou formada em comunicação social – habilitação em jornalismo e pós-graduada em comunicação organizacional e relações públicas.

Este livro também é um sonho concretizado. Ainda tenho muitos outros a serem conquistados. Cada um no seu momento, porque acredito que a vida é feita de sonhos, e são eles que nos impulsionam a seguir em frente e lutar cada vez mais.

Esta obra surgiu do incentivo de um colega de pescaria, o médico e professor de ortopedia e traumatologia, Dr. Nilton Mazzer, no início de março de 2024, durante uma pescaria esportiva com casais de amigos.

Na ocasião, ele tinha acabado de ler um artigo meu que havia sido publicado no *Jornal Agora Sertãozinho e região*, semanário para o qual eu escrevia desde outubro de 2023. Foi aí que ele sugeriu que eu publicasse os artigos em forma de coletânea.

Achei super interessante a ideia e, como já sonhava em publicar um livro, comecei a pensar melhor sobre o assunto, até que senti que tinha chegado o momento.

A maioria dos artigos que você, amigo leitor, encontrará aqui já foi publicada no jornal mencionado e em minhas redes sociais. Entretanto, também há artigos inéditos, escritos especialmente para este livro.

Com uma variedade de assuntos que vão desde a infância até a maternidade, passando por momentos de reflexões e até angústias inerentes aos seres humanos, abordo também temas relevantes do nosso cotidiano, escritos a partir de acontecimentos do dia a dia.

Comecei a escrever os artigos no ano de 2022, numa fase da vida em que estava me dedicando mais à minha família. Meu objetivo com esses textos era e é despertar nos leitores uma autorreflexão e estimular todos nós — eu me incluo nisso — a viver de forma mais leve, buscando a felicidade nos pequenos momentos.

Concluindo, este livro tem altas doses de fé, amor, empatia, tolerância e respeito. Ah, e os melhores ingredientes: foi escrito com a alma e o coração!

Boa leitura!

REFLEXÕES

Será que sou um bom ser humano? Uma boa mãe? Será que sou uma boa filha? Uma boa irmã? Uma boa esposa? Uma boa cidadã? Será que ajo conforme os ensinamentos de Deus e de Jesus Cristo para com meu próximo (conhecido ou não)?

São tantos os questionamentos — por vezes carregados de culpa — que nós, seres humanos, nos fazemos diariamente ou em algumas circunstâncias da vida que a cabeça chega a doer, os neurônios latejam; os olhos lacrimejam; o coração fica apertado; a garganta fica amarrada; e a alma embebecida de não sei o quê, mas de algo que faz o corpo ficar pesado, mole; as ações lentas e o olhar desanimado...

Somos seres humanos, passíveis de erros — e às vezes alguns acertos —, mas ainda assim, a cobrança diária (nem sempre explícita e tampouco de pessoas próximas) para que sejamos sempre mais e melhores em tudo o que nos propomos (ou não) a fazer nos consome de tal forma que, em alguns momentos, acabamos por perder nossa identidade, nossa amabilidade, nossa resiliência; e aí surgem as reflexões acompanhadas de sentimentos que nos fazem mal por dentro e por fora.

Com essa mistura de sentimentos, de quando em vez, a amargura se sobressai e invade o meu (ou o seu) coração, tornando-o simultaneamente duro e mole, comandando minha (ou a sua) mente e, por consequência, minhas (suas) ações, que às vezes são desprovidas de demonstrações notórias de carinho e amor para com aqueles que são a minha (sua) razão de viver e dividem comigo (ou com você) essa vida, que é um presente de Deus.

O que seria isso? Será que essas sensações ruins têm um nome? São contagiosas? Espero que não!

Espero que as doenças contagiosas sejam exterminadas! Já estamos fartos de enfermidades que causaram e ainda causam tanto sofrimento aos seres humanos, além da partida física de milhares de pessoas queridas, que eram pais, filhos, avós, irmãos, esposos, namorados, amigos; enfim, eram e são importantes para alguém.

Mesmo não sendo da área da saúde e da ciência, sei que é um sonho difícil extirpar os vírus existentes no mundo. Mas sabe o que eu gostaria, além da exterminação dos vírus? Que houvesse um contágio de sentimentos bons e de ações para o bem geral. Que tudo que é bom, que cause alegria, borboletas no estômago, um coração alegre e uma alma leve, se espalhasse de tal forma que virasse uma pandemia...

Uma pandemia de coisas boas, que tornasse o ser humano melhor a cada dia, ensolarado, nublado ou chuvoso... na primavera, no verão, no outono ou no inverno.

Uma pandemia que, como um rolo compressor, passasse por cima de qualquer cisco de tristeza, desânimo, esmagando-os por completo, fazendo florescer, mesmo em meio às matas, ao lamaçal ou à secura (dentro de cada um de nós), raízes de ânimo, coragem, força e fé, para serem fortalecidas e criarem cada vez mais ramos, para espalhar sentimentos bons, que se alastrem com uma velocidade bem maior do que aqueles ruins, que são comuns na vida humana, contra os quais precisamos lutar constantemente para vencê-los.

Desejo para mim e para você, que por vezes se pega triste e desanimado, uma enxurrada de coragem para ser mais forte, resiliente e lutar contra esses inimigos ocultos, que teimam em invadir o nosso ser, a nossa vida. E para isso, fé em Deus, coragem e força!

Que façamos, diariamente, uma luta contra tudo o que é ruim, que nos faz mal, para renascermos e vivermos de forma mais leve e feliz.

A LEITURA, O EXEMPLO E O INCENTIVO

A leitura me atrai há um bom tempo. Na realidade, ela me acompanha há algumas décadas, já que comecei a me envolver de fato com o mundo dos livros no início da adolescência, vendo minha mãe devorar páginas de obras literárias diariamente, nos intervalos do labor fora e dentro de casa.

Antes, porém, ainda no começo do primeiro grau, quando aos sete anos de idade me arriscava a ler as primeiras palavras aprendidas na escola, feliz e maravilhada com o mundo das letras que estava conhecendo, fui presenteada por minha mãe com gibis de histórias em quadrinhos. Ali começou meu encantamento pela leitura.

Com o objetivo de me incentivar a ler, mesmo com tamanha dificuldade financeira, minha mãe me deu uma coleção de livros infantis, composta de oito volumes. Aos oito anos, fiquei encantada com os livros, cujas capas possuíam desenhos bem coloridos e que mudavam conforme eram levantados; um atrativo e tanto para as crianças.

A partir de então, queria ler todos os dias aqueles livros, que me transportavam para lugares incríveis com histórias que até hoje são capazes de produzir incontáveis sensações e fazer a imaginação fluir nas cabecinhas das crianças, como *O gato de botas, Rapunzel, Chapeuzinho vermelho* e *João e Maria*.

Esses livros foram conservados até os dias de hoje, 35 anos após minha mãe tê-los adquirido, e encantaram outras crianças da família, como minha prima Carla e minha irmã Eduarda — ambas adultas —; e há cinco anos estão sob os cuidados de minha filha Valentine, de onze anos, que agora é a leitora e guardiã da coleção.

Gostava tanto de ler que, certa vez, aos dezessete anos, estudante do 3º colegial, trabalhando durante o dia e estudando à noite, andava pelas ruas da cidade com um livro na mão, lendo durante o trajeto de casa para o trabalho e vice-versa. Tal hábito me rendeu uma trombada com um poste quando estava voltando para casa. Nada me inebriava mais do que as linhas daquele livro.

Voltando para o presente, continuo sendo uma leitora assídua de livros, revistas, jornais impressos e também da leitura on-line, que conta com uma infinidade de informações para todos os gostos. No entanto, nada se compara ao prazer de folhear as páginas de um livro, na minha opinião.

Apaixonada pelas palavras e pelo poder da união delas, sigo fazendo o que minha mãe fez na minha infância, como forma de incentivar minha filha a se embrenhar no mundo da leitura.

Atualmente, em meio à concorrência dos diversos dispositivos eletrônicos que seduzem nossas crianças — e também os adultos —, percebo que o exemplo continua sendo um ótimo aliado para estimulá-las a se interessarem pela leitura, que promove o conhecimento, além do encantamento.

Ainda não alcancei de forma total meu objetivo, que é vê-la pegar um livro espontaneamente, sem que eu tenha que ficar lembrando-a da importância da leitura, mas já conquistei algumas vitórias, como o fato de ela pedir para comprar alguns livros quando visitamos a Feira do Livro da cidade e, logo em seguida, ter começado a ler um deles.

É só o começo, mas é de encher de alegria, orgulho e gratidão o coração de uma mãe jornalista e apaixonada pelo poder da escrita e da leitura.

BALIZA DE MÃE

Tenho medo de fazer baliza. Isso mesmo! Na realidade, tenho pavor!

Desde quando me habilitei, lá em 2003, e fui reprovada na primeira prova prática de baliza, desenvolvi certo trauma dessa manobra.

Como tantos motoristas, para evitar fazer baliza, muitas vezes estacionei — e ainda estaciono — o carro longe de onde poderia, apenas para escapar do desgaste provocado por uma situação que me deixa muito tensa e até com as pernas bambas.

Sei que algumas pessoas podem rir ao ler este texto. Talvez por se identificarem com a situação, me acharem desajeitada no trânsito ou até por já terem presenciado uma cena semelhante e pensado: "Que mão cortada, ruim de volante!".

O fato de parar o trânsito para colocar o veículo em uma vaga usando a baliza me causa palpitação e até vergonha diante de quem está atrás, aguardando. Por isso, quase sempre, quando tento e não acerto de primeira, desisto.

Confesso que, no passado, ficava bastante desapontada comigo mesma por não conseguir fazer baliza.

Hoje, com a maturidade adquirida ao longo dos anos, não sinto tanta culpa.

Passadas décadas desde minha primeira habilitação, considero-me uma boa "mãetorista" — ou melhor, uma ótima "mãetorista" — que, se for preciso, enfrenta seus medos e faz todas as manobras necessárias (e permitidas na lei de trânsito) para ajudar minha filha. Inclusive a "baliza de mãe". Isso mesmo: baliza de mãe.

Provei para mim mesma que era capaz de realizar tal manobra quando minha filha, à época com aproximadamente três anos, estava ardendo em febre. Depois de ter ficado a noite toda febril, com intervalos muito curtos de melhora, precisei levá-la ao pediatra no dia seguinte.

O consultório ficava no centro da cidade, em uma área lotada de veículos. Havia apenas uma vaga próxima. Dei a volta no quarteirão, na esperança de encontrar um local onde pudesse estacionar de frente e de maneira ágil, mas não achei nada por perto.

Diante da apatia da minha filha, mole na cadeirinha, recebi uma força e uma coragem vindas dos céus — que só quem é mãe conhece. Passei por cima do meu pavor, pedi serenidade e capacidade a Deus, e Ele me atendeu.

Voltei à vaga, fiz a baliza de forma rápida e certeira. Estacionei o carro e, sem perder tempo, corri para o consultório com meu anjo nos braços, em busca de atendimento médico. Desse modo, surgiu a "baliza de mãe", quando não há como escapar, ela entra em ação.

Com esse fato, concluí que nós, mães, podemos muito mais do que imaginamos para proteger nossos filhos!

Viva as mães!

A MÃE DA
MINHA AMIGA

"A mãe da minha amiga é muito mais legal do que você!" Essa frase já foi ouvida diversas vezes por muitas mães — ou por todas, arrisco afirmar —, dependendo da idade dos filhos, pois conforme crescem e aprendem, as crianças passam a ter mais repertório linguístico e até coragem para falar o que sentem às pessoas mais próximas.

Como mãe de uma menina de nove anos, mesmo sendo amorosa e dedicada nos cuidados com ela, ouvi — e ainda ouço — algumas vezes essa frase, geralmente acompanhada de expressões de raiva, tristeza e, às vezes, choro.

No meu caso, normalmente essa frase surge depois que minha filha tem a atenção chamada por algum motivo, como, por exemplo, a cobrança para desligar aparelhos após o tempo combinado ter se encerrado, fazer as tarefas escolares, escovar os dentes, entre outras situações.

Aí vem aquela ladainha: "A mãe da fulana a deixa jogar até tarde da noite. Ela é muito mais boazinha e legal do que você. Você é uma chata!". E o que eu e a maioria das mães respondemos? "A fulana é a fulana e a mãe dela é a mãe dela. Cada casa tem um tipo de funcionamento, e cada família tem suas regras."

A resposta desta mãe aqui que, mesmo sendo amorosa, é exigente e firme com a filha, vem acompanhada de uma frase: "Quando você crescer, vai me agradecer por eu ter sido chata".

No fundo, nós, mães, temos o papel de "chata" realmente. Somos nós que, mesmo trabalhando fora, ao chegar em casa, ensinamos, repreendemos, fazemos questionamentos — por vezes insistentes e cansativos —, apontamos erros (e, claro, acertos também), corrigimos. Enfim, a mãe é a "chata da casa" porque, mesmo que o pai seja presente, firme e faça sua parte na educação dos filhos, ele não carrega aquela cobrança contínua que está implícita e explícita na figura materna.

Em síntese, nós, mães, vamos educando, cada uma à sua maneira, conforme o seu estilo de vida e sem uma fórmula mágica. Cada mãe, a partir do momento em que se torna responsável por uma criança, encontra sua própria forma de educá-la, que surge naturalmente. Muitas vezes, carregamos palavras, frases e até atitudes oriundas da educação que recebemos na infância.

Por vezes, aproveitamos os aprendizados que tivemos, ora aprimorando-os, ora atenuando-os, com o objetivo de moldar seres humanos bons, responsáveis, educados e empáticos, capazes de tornar este planeta um lugar melhor para se viver — quem sabe, sem guerras.

No frigir dos ovos, alguma mãe de coleguinha será vez ou outra apontada como mais legal. Mas, no fundo, nossos filhos sabem do amor incondicional que temos por eles. Reconhecem que nossas "chatices" são necessárias e acontecem no momento certo. E, mesmo assim, eles nos amam!

MÃE CHATA

"Você é uma chata!" Será que alguma mãe já ouviu essa expressão saindo daquela boquinha linda do seu filhote? Se não ouviu, provavelmente um dia ouvirá.

Na minha desafiadora, bela e abençoada missão de mãe, já ouvi essa expressão tantas vezes que perdi as contas. Na primeira vez, confesso que fiquei um pouco chateada, mas com o tempo percebi que, realmente, as mães, em sua grande maioria, são consideradas chatas.

Mãe é chata quando chama a atenção do filho para comer mais frutas e verduras; quando diz não para o doce antes da refeição principal; quando insiste a cada cinco minutos para ele escovar os dentes; quando pede para desligar a TV, o celular, entre outros dispositivos eletrônicos, por já terem sido usados por tempo demais; quando lembra que a criança precisa fazer as tarefas da escola, tomar banho, arrumar a cama, guardar os brinquedos espalhados pela casa, colocar a toalha para secar... Ufa! São tantas coisas que as mães precisam cobrar e ensinar que sempre são consideradas as vilãs e chatas do lar.

Hoje, quando sou chamada de chata por minha filha, às vezes dou de ombros, outras vezes digo: "Faz parte do meu papel de mãe" e, em algumas situações, emendo: "Quando você for adulta, vai me agradecer por ter sido chata".

Eu mesma, quando criança — e mais ainda na adolescência —, dizia para minha mãe: "você é chata!". Porém, não falava isso com a frequência e ênfase que escuto atualmente. Falava baixinho, até de forma abafada. Por quê? Porque tínhamos medo da reação de nossas mães: de receber umas palmadas ou uma olhada daquelas bem tortas, que eram sentidas como uns tapas. Eram outros tempos!

Hoje em dia, vemos que as crianças possuem mais liberdade na relação mãe e filhos, porque vivem em outro tempo — e as mães também. Assim, acredito que os filhos estejam mais corajosos para "enfrentar" suas mães, opinar, discordar e até soltar desabafos como: "você é uma chata". E as mães dessa geração aprenderam — me incluo nessa — a ser mais tolerantes diante dessas situações, mesmo agindo com firmeza quando necessário. Acredito que estabelecer esse laço de proximidade e paciência faz toda diferença na criação dos pequenos.

Eles ainda vão nos chamar de chatas em vários momentos, porque nosso papel é este: educar, orientar, dizer alguns (ou muitos) "nãos", mas acima de tudo, AMÁ--LOS INCONDICIONALMENTE e estar sempre prontas para segurar em suas mãos nos caminhos da vida.

Quando estiverem adultos, assim como eu e você, leitor, eles agradecerão à mãe chata que os educou. E passarão adiante esses ensinamentos. Olhando para trás, penso: "Ainda bem que fui educada por uma chata". No meu caso, duas chatas: minha mãe e minha falecida avó.

A DIFÍCIL MISSÃO DE EDUCAR

É difícil! Tem dias que cansamos e pensamos até em desistir, especialmente nos momentos de nervoso e estresse, oriundos de acontecimentos diários, como desobediência, malcriação e birras, comuns em crianças e adolescentes que estão em fase de formação.

Já cheguei a pensar que os momentos de afronta eram só comigo e que, nas outras casas, tudo era mil maravilhas. Já fui chamada de chata, bruxa e até comparada com outras mães, consideradas mais legais e boazinhas. Com isso, me sentia uma péssima mãe — às vezes ainda me sinto, dependendo do dia e da circunstância.

Dia sim, outro também, surgem alguns "arranca-rabos" por aqui, como dizem por aí. Começam logo cedo e só terminam na hora que todos vão dormir. A luta é diária, uma missão dificílima, eu diria.

O conflito corriqueiro é resultado das cobranças ou seriam lembretes, no entendimento de alguns? A lista é extensa: "Fulano, vá escovar os dentes", "Já deu o tempo do celular", "Hoje não tem batatas. Pode comer arroz, feijão e o que tem na mesa", "Vai tomar banho", "Vai estudar", "Larga esse tablet e vai ler um livro",

"Arrume a bagunça do seu quarto", "Me ajude a cuidar dos cachorros, que são seus". Ufa, são muitas frases que falamos ao longo do dia para nossos filhos e que não caberiam aqui.

Dia vai, dia vem, e eles vão nos levando na conversa (ou tentando), pedindo mais cinco minutinhos para atenderem nossas súplicas e fazerem o que precisariam de fato. Com isso, vão surgindo os embates inerentes à educação desses pequenos seres humanos, que dependem de nós, adultos, para os direcionarmos de forma correta.

Para o alívio das mães que se sentem aflitas, desanimadas e até tristes em algumas ocasiões, devido aos aborrecimentos enfrentados diariamente para educar os filhos, ao conversar com outras mães, constatamos que essa dificuldade ocorre em todas as casas. Só mudam os endereços. Claro que cada ser humano é único e agirá de forma própria, dependendo da situação e do ambiente em que está inserido. Todavia, a missão de educar, mesmo crianças e adolescentes mais obedientes, é difícil, porém, não impossível.

O amor que temos no peito é bem maior que qualquer adversidade do dia a dia, e ele nos fortalece, nos ergue quando estamos prestes a cair e nos impulsiona a continuar essa difícil, mas linda e abençoada missão de educar um pequeno ser humano, que será um grande cidadão, se tivermos paciência, coragem e até resiliência para moldar nossas joias raras.

MEMÓRIAS DE UMA INFÂNCIA FELIZ

"Brincadeira de criança, como é bom, como é bom! Guardo ainda na lembrança; como é bom, como é bom!" O refrão da música "Brincadeira de criança", composta por Delcio Luiz e Wagner Bastos e cantada pelo grupo Molejo, vez ou outra surge na minha memória, especialmente quando vejo minha filha brincando com outras crianças: correndo, pulando, nadando e bem longe de aparelhos eletrônicos.

Lembro-me da música e me pego cantando sozinha, de tão feliz que fico ao presenciar crianças vivenciando essa fase maravilhosa da infância. No entanto, essa fase, apesar de curta, infelizmente está sendo perdida por muitos pequenos, que passam horas hipnotizados pelos aparelhos eletrônicos. Esses dispositivos chegaram cedo demais à vida infantil, seu uso foi ainda mais impulsionado pela pandemia, em 2020, que nos obrigou a colocar nossos filhos diante de telas de celulares e tablets para assistirem às aulas on-line, além de servirem como forma de entretenimento em momentos em que precisávamos de um pouco de sossego. Mal imaginávamos — eu pelo menos — que tais aparelhos se tornariam tão instigantes e prazerosos para as crianças, afastando-os das brincadeiras do mundo real.

Embora essas tecnologias sejam aliadas em diversas situações do cotidiano, facilitando tarefas como falar com pessoas do outro lado do mundo em alta qualidade (dependendo da conexão de internet) ou economizar tempo com pagamentos on-line, elas também estão atrapalhando — e até impedindo — nossas crianças de vivenciarem atividades fundamentais para o desenvolvimento físico, intelectual e social, como brincar.

Essa é a opinião de uma mãe que já passou dos quarenta anos e viveu intensamente todas as fases da infância. Brinquei de boneca, pique-esconde, mímica, passa-anel, elástico, queimada, entre muitas outras brincadeiras que, infelizmente, muitas crianças dessa geração nem sabem da existência. Elas nem imaginam como essas brincadeiras são encantadoras.

Lembro com alegria e até nostalgia dos tempos em que corria pelas ruas brincando de pega-pega ou quando tirava o cabo da vassoura de casa para usar como taco para jogar bets. Muitas vezes esquecia de devolvê-lo, deixando minha saudosa avó nervosa ao procurar o item e não encontrá-lo inteiro. Quantas histórias temos para contar da nossa fase de criança!

Quantos tampões de dedos arrancados brincando com a molecada na rua! Quando isso acontecia, doía muito, parecia que íamos perder o dedo do pé; chorávamos e ao mesmo tempo tínhamos que engolir o choro para não sermos tirados da brincadeira. Após lavar o machucado e encarar uma pincelada de merthiolate — que era um verdadeiro horror —, já estávamos prontos para outras aventuras, com os pés descalços, shorts rasgados, blusas furadas e, eventualmente, mais alguns arranhões. Assim fomos crescendo, aprendendo, socializando e sendo muito felizes na simplicidade e pureza dessas brincadeiras.

Hoje, porém, com o aumento do número de carros nas ruas e a violência mais presente no nosso dia a dia, muitas crianças não têm a oportunidade de brincar ao ar livre, como as gerações de tantos anos atrás. Os pais, com razão, têm receio. Entretanto, acredito que devemos criar formas de proporcionar aos nossos filhos uma infância cheia de brincadeiras e de contato com outras crianças, para que, além de criarem belas memórias afetivas, possam socializar e aproveitar todas as fases da infância, longe das telas. Apesar de serem grandes aliados da sociedade moderna, os dispositivos eletrônicos podem se tornar adversários, pois atrás das telas existem inimigos ocultos.

Concluindo, desejo para minha filha e para todas as crianças que, assim como eu, vivam histórias de tampões de dedos arrancados e joelhos ralados — nada muito além disso, para não deixar os pais apavorados —, e que curtam muito a infância, brincando de verdade.

A GUERRA É NOSSA VIZINHA

Infelizmente, o mundo está em guerra há muito tempo. Há as guerras entre nações, travadas com armas de fogo, mísseis, canhões, caminhões-tanques, entre outros arsenais, que ceifam milhares de vidas, destroem casas, hospitais e cidades inteiras, objetivando poder e território, e até motivadas por disputas religiosas.

Há também as guerras do cotidiano, que batem à nossa porta todos os dias e são nossas vizinhas. São guerras do mesmo jeito. A diferença é que não são declaradas com esse nome, mas também são igualmente destrutivas.

Elas incluem assaltos à mão armada, transportes públicos incendiados por vândalos, execução de pessoas a qualquer hora do dia — na rua, na praia, no barzinho, no trânsito — estupros, disputas sangrentas entre facções criminosas, agressões físicas e por que não dizer também as verbais, motivadas pelas escolhas sexuais, políticas e religiosas de cada um, entre outras situações.

Há motivos para que tantas guerras aconteçam no mundo? Sim, claro. Esses motivos são as diversas formas de intolerância, que imperam de maneira avassaladora entre os seres humanos, destruindo vidas, sonhos, famílias e disseminando insegurança entre os povos.

A guerra está ao meu lado, ao seu lado; no Ocidente, no Oriente; de Norte a Sul do mundo. E o que podemos fazer para pôr fim aos tempos sombrios que estamos vivendo no Planeta Terra?

Ninguém tem uma fórmula mágica, mas acredito que os primeiros passos para acabar com as guerras que assolam o mundo sejam ensinar às crianças, nossa futura geração, que devemos respeitar o espaço e as escolhas do outro. Não basta apenas falar: é preciso demonstrar que a tolerância e o diálogo ordeiro e respeitoso, mesmo em meio a discordâncias, são a chave para que os seres humanos vivam em paz, cada um seguindo o caminho que acredita, sem ofensas nem brigas. Afinal, a paz que eu desejo depende de mim e de você!

A GUERRA CONTINUA

É triste constatar, mas a guerra em nosso país está saindo do controle. Estamos em guerra? Se essa indagação passou pela sua cabeça, amigo leitor, respondo que sim. Infelizmente, estamos em guerra, e essa batalha é bem mais difícil de cessar.

A guerra no Brasil já dura uns bons anos. Porém, a cada dia ela fica mais sangrenta e perigosa para grande parte da população, que fica refém dessa luta e no meio dos conflitos orquestrados por bandidos de alta periculosidade.

Nos últimos anos, os noticiários nacionais veiculam frequentemente reportagens sobre essa guerra, que é diária, com atentados a instituições bancárias, ataques a carros-fortes, assaltos à mão armada (nos semáforos, nas praias, nos shoppings, nos barzinhos), entre outros crimes que estão amedrontando muitas pessoas, impedindo-as, inclusive, de ter seus direitos básicos respeitados, como poder ir e vir tranquilamente.

Para citar um exemplo, uma cena que só assistíamos em filmes policiais de ação foi acompanhada ao vivo por dezenas de pessoas e motoristas que trafegavam pela Rodovia Washington Luís, na cidade paulista de Cordeirópolis.

Na ocasião, bandidos fortemente armados bloquearam a rodovia, pararam os dois automóveis em que estavam para abordar dois carros-fortes que passavam pelo local e roubar o dinheiro carregado pelos veículos. Não bastasse isso, ainda pararam um caminhão à força para ser usado como escudo no caso de a polícia chegar. Eram quase 18h, ou seja, horário de tráfego intenso pelo local.

Na maior afronta às forças de segurança pública, aos motoristas que passavam pelo local e aos trabalhadores dos carros-fortes, os bandidos roubaram o dinheiro com toda tranquilidade, como registrado pelas câmeras da rodovia, enquanto os cidadãos sofriam por serem impedidos de seguir seus trajetos e, mais do que isso, por medo de serem alvejados e perderem a vida de forma banal.

Todavia, esse fato não foi o único que colocou os cidadãos no meio dessa guerra insana que tem causado pavor em muitos brasileiros, diuturnamente.

A guerra continua. A cada hora, a cada minuto. Nesse momento, infelizmente, algumas ações dessa longa guerra estão acontecendo em nosso país. E os criminosos? Ah, muitos estão soltos, pois nossas leis estão ultrapassadas e não estão protegendo as pessoas como deveriam.

Como cidadãos responsáveis, que cumprem suas obrigações, desejamos o fim dessa guerra. Para isso, precisamos de leis mais severas para punir os criminosos que continuam circulando livremente por aí.

Como diz a famosa música de Rita Lee e Roberto de Carvalho: "Pra variar, estamos em guerra. Você não imagina a loucura. O ser humano tá na maior fissura...".

A COVARDIA POR TRÁS DOS FAKES

Você já leu ou ouviu falar sobre o termo "fake"? Essa palavra, amplamente divulgada nos últimos anos, significa algo que é falso. Pode se referir a notícias, propagandas, produtos ou até itens do cotidiano.

As chamadas fake news incluem notícias e propagandas veiculadas por meios de comunicação, como emissoras de rádio e TV, jornais impressos, revistas e internet, que propagam informações inverídicas. Já os produtos falsificados, como cosméticos, bolsas e calçados, são rotulados como "fake". Além disso, existem itens do vestuário, como jaquetas, calças e saias, feitos de couro sintético, popularmente chamado de couro fake, mas que não estão relacionados à ilegalidade.

Com tantos produtos e ações associados ao termo, é cada vez mais comum ler ou ouvir sobre o assunto. Contudo, o que mais chama atenção são os fatos absurdos decorrentes da disseminação de informações falsas, as fake news.

A internet, uma excelente ferramenta usada por milhões de pessoas no mundo, facilita e agiliza a comunicação na era digital. No entanto, também se tornou um meio para a propagação de informações falsas, muitas vezes usadas para difamar pessoas ou instituições. E isso é muito grave.

A divulgação de fake news tem causado problemas sérios. Famílias inteiras estão se tornando vítimas, como indicam reportagens disponíveis em fontes confiáveis na internet.

Destaco aqui dois casos emblemáticos. O primeiro ocorreu em 2014, no Guarujá, litoral de São Paulo, quando uma mulher de 33 anos foi linchada até a morte após ser acusada injustamente nas redes sociais de sequestrar crianças e realizar rituais de magia negra.

Outro caso trágico aconteceu em Suzano, São Paulo, no final de 2023. Um jovem de 22 anos foi espancado e morto após ser acusado falsamente de ter matado três cães. Posteriormente, descobriu-se que os animais estavam vivos e saudáveis. Ele foi agredido por um grupo de pessoas e, tragicamente, atropelado por um carro durante o ataque.

Esses episódios são apenas alguns dos danos causados pela divulgação irresponsável de informações falsas em meios de comunicação e redes sociais, como o WhatsApp.

É crucial ter cautela ao compartilhar informações recebidas pela internet, especialmente quando se trata de acusações graves sem provas. Além de causar danos irreparáveis às vítimas e seus familiares, os responsáveis pela criação e disseminação de fake news podem ser responsabilizados criminalmente.

Felizmente, no Brasil já existem leis para punir aqueles que propagam informações falsas com o intuito de prejudicar pessoas ou instituições. Afinal, a internet pode parecer um território sem lei, mas não é.

A ARTE DE SABER ENSINAR E SER ESPECIALISTA EM AMOR

"Os educadores, antes de serem especialistas em ferramentas do saber, deveriam ser especialistas em amor: intérpretes de sonhos."

Essa frase é de autoria do escritor brasileiro Rubem Alves, que também foi psicanalista, educador, teólogo e pastor presbiteriano.

Confesso que fiquei impactada quando li essa mensagem na internet, e isso despertou em mim a vontade de escrever sobre o assunto.

Lembrei-me de quando tinha treze anos e cursava a 7ª série do primeiro grau — era essa denominação na época —, numa escola estadual de minha cidade natal, onde vivo até hoje. Naquele período, uma professora teve uma atitude extremamente fora do comum, para não dizer execrável, como contarei a seguir.

Na ocasião, havia duas salas de 7ª série, e a referida professora estava dando aula para a outra turma. Após o recreio, fui entregar um trabalho escolar que era para ser feito em casa. Infelizmente, não consegui terminá-lo a tempo e o entreguei um dia depois, durante o intervalo, na sala ao lado.

Fiz o trabalho escrito à mão em folha de papel almaço, como a maioria dos colegas. Para dar destaque às partes mais importantes do texto pesquisado, usei caneta esferográfica vermelha; nas demais, escrevi em azul. Assim, entreguei a pesquisa solicitada.

No mesmo dia, ao voltar para casa com uma amiga que estudava na sala onde a professora estava, ela me contou que a educadora pegou meu trabalho, mostrou-o aos alunos de forma zombeteira, amassou, jogou no chão e ainda pisoteou. Para completar, teria dito de maneira irônica: "Olha o que faço com um tipo de trabalho malfeito como este". Em seguida, após os risos da classe, colocou o trabalho na mesa e deu continuidade à aula.

Chocada com o relato de minha amiga, fiquei pensando que ela tivesse confundido e que não deveria ser meu trabalho.

Passados alguns dias, a docente me devolveu o material, e percebi que ela realmente havia feito aquilo. As folhas estavam amassadas, e a última página tinha marcas de terra de um sapato. Aquilo me deixou muito entristecida. Senti-me péssima e deduzi que o trabalho que entreguei não estava à altura do que a educadora pedira.

Chateada com o ocorrido, não tive coragem de contar para minha mãe sobre a situação. Imaginei que ela ficaria brava pelo fato de eu ter entregado o trabalho um dia depois do prazo e que a professora tivesse razão.

A atitude da docente me marcou de forma muito negativa, pois mesmo eu não cumprindo o prazo, entendi que sua atitude não fora motivada pelo atraso, e sim porque o material não estava esteticamente apresentável, como muitos outros que vi quando ela os devolveu aos alunos — bem coloridos e com colagens diversas.

A lição que tirei daquele episódio foi: para alguns, o que importa é a embalagem e não o conteúdo. Que triste ter vivenciado aquela situação, que me expôs ao ridículo perante outros alunos. Todavia, tal desprezo não me fez esmorecer. Concluí que, além de ser mais responsável com os afazeres escolares, deveria sempre me empenhar em dar o meu melhor em tudo que me propusesse a fazer — tanto na vida escolar quanto fora dela.

Passados trinta anos do ocorrido, sinto um nó na garganta ao lembrar da situação. Encontrei-me com os olhos cheios de lágrimas, recordando o quão forte e resiliente fui naquele momento.

Finalizando, deixo aqui uma reflexão: quantos alunos podem ter sido tolhidos de um futuro brilhante na vida acadêmica e até profissional por terem cruzado o caminho com educadores inteligentíssimos, mas que não tinham especialização em amor? Quantos foram desestimulados por ouvir "que não eram capazes de melhorar, de crescer, de serem alguém na vida", apenas por não terem entregado um trabalho esteticamente bonito?

Tomara que os educadores cheios de saberes continuem ensinando as disciplinas de forma brilhante. Mas que também se disponham a se especializar em amor e empatia, para assim, quem sabe, interpretarem sonhos e estimularem os sonhadores.

VAMOS DOAR EMPATIA?

Você sabe o significado do termo EMPATIA? Em resumo, significa a capacidade de se colocar no lugar de outra pessoa, vivenciando a mesma situação. Em poucas palavras, é compreensão.

Alguns podem pensar: "Ah, essa é a palavra da moda dos últimos tempos!". E talvez seja. Todavia, para além do modismo — no discurso e nas palavras —, acredito que ela precisa ser colocada em prática de forma mais constante no dia a dia, para que tenhamos um mundo mais tolerante e, como consequência, pessoas mais benevolentes.

Infelizmente, temos visto, por meio de noticiários ou até de conversas com conhecidos, inúmeros casos de discussões que evoluem para agressões físicas, devido à falta de empatia.

Os exemplos são muitos: gritos e xingamentos dirigidos a profissionais no desempenho de suas funções, simplesmente porque o atendimento está demorando; pontapés e socos desferidos contra trabalhadores porque o cliente não recebeu o que a promoção anunciava, entre outras situações assustadoras.

Mas por que tais atitudes assim têm se tornado tão frequentes? Profissionais da área de saúde mental podem explicar o fenômeno de forma mais precisa, pois estudam o comportamento humano ao longo dos anos. Contudo, acredito que podemos minimizar os problemas causados pela falta de empatia por meio de um esforço coletivo — começando pelos exemplos que damos às crianças. Elas estão em formação e aprendem sobretudo com o que veem no cotidiano.

De nada adianta eu pedir à minha filha que ela seja mais tolerante em diversas situações se eu mesma não pratico a tolerância dentro de casa, seja com ela, seja com quem convive conosco. Como posso cobrar empatia pelo coleguinha ou por algum profissional que cruzar seu caminho, se não demonstro isso em ações simples, como ter paciência com a demora na fila do supermercado?

Acredito que os filhos são reflexos de seus pais. Se queremos um mundo mais tolerante e empático, devemos começar a praticá-la dentro de nossa casa.

Que tal doarmos EMPATIA? Um pouco a cada dia, como quem doa alimentos para ajudar uma família ou entidade. Assim, criamos uma corrente positiva. Todos ganham, o mundo se torna mais leve e as pessoas vivem de maneira mais harmoniosa.

O RACISMO NOSSO
DE CADA DIA

O título lhe causou estranheza? Não? Sim? Talvez? Há várias interpretações para a referida expressão e cada pessoa chegará a uma conclusão própria.

O RACISMO, enraizado na nossa sociedade, vem sendo amplamente abordado em redes sociais, programas esportivos e outros meios de comunicação do Brasil e do exterior, como no caso dos tristes episódios racistas envolvendo o famoso jogador de futebol Vinícius Júnior — que atua na equipe do Real Madrid (Espanha) e na Seleção Brasileira. Acontece diariamente, a cada segundo, com milhares de pessoas negras. Por isso, refiro-me ao "racismo nosso de cada dia". Nosso, porque, tristemente, está em todos os cantos e ocorre constantemente ao nosso redor.

O fato de um atleta famoso ser alvo de ataques racistas e causar revolta em muitas pessoas, enchendo as redes sociais de hashtags como #somostodosvinijunior e #todoscontraoracismo, é apenas um entre milhares de casos que nem sequer chegam ao nosso conhecimento. Eles acontecem diuturnamente, mas nem sempre são denunciados ou divulgados pela imprensa.

O caso de Vinícius Júnior teve grande repercussão nacional e internacional porque foi televisionado e envolveu uma figura pública. Mas e aqueles que não são pessoas públicas? Como se defenderão? Quem os defenderá? Sabemos que a legislação brasileira considera racismo um crime inafiançável e imprescritível, sujeito à reclusão, conforme a Constituição Federal de 1988, artigo 5º, inciso XLII. Porém, será que essa lei está realmente protegendo os milhares de negros e negras que são vítimas desse crime?

Infelizmente, enquanto você lê este texto, alguém está sendo covardemente agredido — física e/ou verbalmente. Em alguns casos, é até acusado de crimes que não cometeu, seguido ou perseguido em corredores de estabelecimentos comerciais, entre outras atrocidades. Tudo isso porque, para algumas pessoas, a cor da pele, lamentavelmente, define e molda o caráter dos indivíduos.

Onde vamos parar com tanta violência contra seres humanos avaliados e julgados apenas pela cor de sua pele? Até quando teremos que ouvir frases absurdas e ofensivas que associam negros a sujeira, desqualificação, criminalidade, entre outras humilhações?

Está na hora de o *racismo nosso de cada dia* ser substituído pelo *respeito nosso de todos os dias, de todos os minutos, para com todas os seres humanos.* Isso vai além de hashtags que viralizam nas redes sociais. Hashtags, por mais simbólicas que sejam, não apagam a dor e o sofrimento de quem foi vítima de racismo nas suas diversas formas.

Precisamos de ações efetivas para extirpar esse mal da nossa sociedade. Como? Não há uma resposta exata, mas acredito que, além de denunciar quem pratica esse crime para que seja responsabilizado, devemos ensinar nossas crianças com exemplos e atitudes. É essencial mostrar que todos os seres humanos — sem distinção — merecem respeito e o mesmo tratamento que gostaríamos de receber. Penso que já é um bom começo.

DIGA NÃO À ADULTIZAÇÃO INFANTIL

Você já ouviu falar do termo "adultização infantil"? Em resumo, é o processo de aceleração da infância. Ou seja, quando os pequenos vivem sob estímulo e incentivo de experiências relacionadas ao mundo adulto. Para exemplificar esses incentivos, não precisamos procurar muito. Basta olhar com mais atenção para os lados ou em alguns locais, como lojas especializadas em venda de produtos de beleza, por exemplo.

Em alguns minutos de observação, será possível encontrar, pelos corredores desses locais, crianças cujas idades variam de oito a doze anos, comprando produtos como hidratantes labiais para aumentar os lábios, cremes anti-idade e outros itens destinados a realçar a beleza ou desacelerar os sinais do tempo.

Ficou assustado? Eu também. E não é invenção. Hoje em dia, isso acontece bem mais do que imaginamos.

Tempos atrás, estava com minha filha e uma amiga dela passeando no shopping localizado numa cidade vizinha à nossa. Ambas, que tinham onze anos, pediram para ir ao local para brincarem no espaço infantil, que dispõe de uma grande variedade de brinquedos. Após brincarem de forma saudável nos brinquedos disponíveis, fizemos uma parada numa cafeteria dentro do centro comercial para lanchar. Lá, minha filha e sua amiga encontraram uma colega, também de onze anos, que estava no local com a família.

Na ocasião, a garotinha mostrou sua sacola de compras e disse que tinha ido ao shopping especialmente para adquirir alguns produtos que estavam em promoção numa loja de cosméticos. Para a minha surpresa, um dos produtos comprados, mostrado pela menina, era um brilho labial para aumentar os lábios. Isso mesmo: uma menina de onze anos queria aumentar os lábios.

Após saber da promoção, minha filha e sua amiga pediram para ir até o estabelecimento, alegando que gostariam de ver melhor o produto comprado pela colega. Tenho certeza de que a intenção ia além disso. Mas não dei chance. Fui taxativa e disse que não iríamos. Afinal, fomos ao shopping para que brincassem.

Na volta para casa, ainda chocada com o fato de uma menina de onze anos ter comprado o tal do produto "aumenta boca", falei durante todo o trajeto sobre o assunto. Expliquei que aquele tipo de preocupação não era coisa de criança e que, mesmo que tivessem dinheiro, não as deixaria comprar.

Ainda inconformada com tal situação, chegando em casa, comentei com meu marido sobre o ocorrido. Lembramos de outras situações em que meninas de sete, oito anos ou até mais novas são submetidas a procedimentos capilares com produtos químicos extremamente fortes, para promoverem o alisamento ou coloração dos cabelos.

Sem contar também aquelas crianças que já possuem o compromisso de manter intactas as longas unhas em gel.

Sem querer julgar pais ou responsáveis que permitem tais procedimentos em seres humanos tão pequeninos, penso que criança precisa ser e viver como criança: brincar, se sujar, ter experiências de socialização com outras crianças para aprenderem, assim, a lidar com o seu semelhante, e também viver frustrações. Tudo isso faz parte da infância.

Hoje, infelizmente, impulsionadas pelas redes sociais e outros meios de comunicação, muitas crianças estão ficando demasiadamente consumistas e deixando de aproveitar com brincadeiras saudáveis a fase mais bela e mais curta da vida: a infância, que dura só doze anos.

Para evitar tais perdas de tempo, sugiro que estimulemos nossas crianças a aproveitarem essa fase da melhor forma possível, sendo de fato crianças. Diga não à adultização infantil.

MULHER, A FORÇA DO MUNDO

Eu nunca soube de guerras iniciadas e lideradas por mulheres. Claro que muitas acabaram participando dos embates, atuando também como espiãs, enfermeiras e até motoristas, para ajudar familiares e a própria nação. Entretanto, na maioria foram os homens que tomaram tal iniciativa.

Já ouviu falar ou presenciou uma mulher pilotar um avião? Eu já. E mais: fui passageira num voo internacional com uma pilota à frente do avião e posso dizer que foi uma experiência ótima. Um voo tranquilo, seguro e que me fez sentir orgulho de ser mulher.

Aproveitando o gancho, certa vez li uma notícia que me deixou impressionada em relação a como alguns homens menosprezam a capacidade das mulheres. De acordo com a nota jornalística, um homem desceu do avião antes de a aeronave decolar, ao saber que seria pilotada por uma mulher. O fato aconteceu em Confins, Minas Gerais, em 2012.

Na ocasião, pensei: quanta ignorância! Quem perdeu foi ele, que deixou de ir ao destino que gostaria por julgar a capacidade de um ser humano com base no sexo. Se ela estava ali, com certeza tinha e tem habilidade para tal, fez cursos e passou em incontáveis avaliações para ocupar o cargo.

Infelizmente, vez ou outra ficamos sabendo de casos de desrespeito a mulheres no exercício de suas profissões, pelo fato de serem taxadas como não capacitadas para assumir funções, que seriam "coisas de homem", no linguajar de alguns. Que insensatez!

Assim como os homens, mulheres podem pilotar aviões, dirigir ônibus ou caminhões; ser jardineiras, encanadoras, carpinteiras; exercer cargos de chefia, bem como cargos políticos, liderar nações, entre muitas outras funções. Basta vontade e qualificações profissionais, que estão aí aos montes para quem deseja aprender.

As mulheres, que eram — ou ainda são, na opinião de alguns — consideradas como o sexo frágil e até rotuladas como incapazes de exercer funções consideradas exclusivas de homens, já galgaram muitos degraus e, felizmente, hoje ocupam posições que antes eram delegadas somente a pessoas do sexo masculino.

Ao longo dos anos, já alcançamos muitas vitórias, claro, mas de vez em quando ainda precisamos nos manifestar de forma enfática para sermos ouvidas e respeitadas. Sempre com diálogo e ética, pois as mulheres, mesmo que em momentos de tensão elevem a voz em algumas situações, demonstram bom senso para tentar resolver problemas e injustiças sem recorrer à força física.

Com as mulheres, as guerras são de palavras, que formam diálogos, viram reuniões e, quem sabe, até assembleias, para tentar chegar a um denominador comum no assunto em questão — mas sem derramar sangue, destruir cidades ou países, ceifar vidas, abater hospitais e/ou dilapidar famílias.

Parabéns a todas as mulheres por serem a força propulsora do mundo!

O MELHOR NEM SEMPRE É MELHOR

Ser um profissional competente que se destaca no ambiente de trabalho e faz a diferença positivamente para a organização onde atua é o objetivo de muitas pessoas. Entretanto, SER O MELHOR nem sempre é o que os empregadores desejam.

Certa vez, presenciei um discurso de um empresário durante uma ação organizada por uma escola para premiar alunos, entre onze e doze anos, por vencerem uma gincana de arrecadação de agasalho. Ele fez um discurso impactante.

Além de parabenizar os alunos pelo engajamento na causa social, ele falou sobre a importância da educação e da qualificação profissional para que cada um construa um futuro melhor para si mesmo. Frisou que, antes de ser um ÓTIMO PROFISSIONAL, a pessoa deve ser um EXCELENTE SER HUMANO. Ele ainda acrescentou: "Na minha empresa, quero profissionais qualificados, mas que, em primeiro lugar, sejam bons seres humanos. Em cada entrevista de emprego realizada, nossa equipe avalia primeiro o ser humano, depois o profissional".

As crianças, assim como eu, ouviram-no atentamente. Ele explicou que, se o profissional é um excelente ser humano — respeitoso, educado, empático e solidário —, as funções técnicas podem ser lapidadas com o tempo. Assim, é possível ter um ótimo profissional que, acima de tudo, é um ser humano do bem.

Depois dele, foi minha vez de falar. De última hora, mudei meu discurso, que estava centrado em agradecer as doações recebidas, parabenizá-los pelo espírito solidário em equipe e incentivá-los ao estudo.

Felicitei o empresário por sua visão sobre a relação entre ser humano e profissional, concordando plenamente com sua posição admirável. Completei dizendo que, na vida, **TODOS DEVEMOS SER BONS SERES HUMANOS**, onde quer que estejamos: seja no trabalho, na escola, na rua, no supermercado, em todos os lugares. Afinal, quem cruza nosso caminho é um ser humano com qualidades e defeitos; que acerta e erra; que, às vezes, está num dia bom e, em outros, nem tanto; que, por vezes, precisa de um olhar acolhedor, de uma escuta atenta, de tolerância, de empatia e, acima de tudo, de **RESPEITO**. Com isso, tudo fica mais fácil. E o melhor profissional só será verdadeiramente o melhor, mesmo com todos os títulos e diplomas conquistados, se for um **BOM SER HUMANO**.

UM CONFRONTO DIFÍCIL

É uma disputa acirrada. Arrisco dizer que até desleal. De um lado, crianças seduzidas — ou seriam abduzidas? — por equipamentos eletrônicos de todos os tipos: aparelho celular, tablet, relógio inteligente, assistente virtual, como a Alexa, e muitos outros. De outro, os pais, ora clamando, ora brigando, para que os filhos, especialmente os pré-adolescentes, desliguem esses aparelhos e voltem ao mundo real.

Hoje em dia, é quase certo que pelo menos uma pessoa em cada casa tem acesso a um smartphone, ou seja, um celular que reúne diversas tecnologias atreladas à internet. Esse dispositivo, que nos conecta ao mundo em questão de segundos e facilita a vida em diversas situações, inclusive no trabalho, tem sido o vilão em muitas famílias — e me incluo nesse grupo.

O celular, que no início surgiu para agilizar o contato telefônico em diferentes locais, foi ganhando mais funcionalidades e conquistando rapidamente os usuários. Foram criados mecanismos que, até os anos 2000, pareciam impossíveis, como pagar contas sem ir a uma agência bancária ou fazer uma transferência de dinheiro enquanto se está deitado no sofá ou passeando, usando apenas as mãos.

Lembro que, lá em 2002, um conhecido comentou que seria possível realizar pagamentos pelo celular. Na época, duvidei e pensei: "Ele está louco". Mas não estava. Ele só teve uma intuição do que estava por vir com as tecnologias digitais. E acertou em cheio!

Hoje, temos na palma da mão muito mais do que acesso à nossa conta bancária. Além de realizar transações financeiras, podemos comprar produtos, planejar viagens, pesquisar sobre os mais variados assuntos, assistir a conteúdos televisivos e muito mais.

Com tantas facilidades promovidas pela internet, nossas crianças, que já nasceram na era digital, especialmente após a pandemia da covid-19, passaram a ter ainda mais contato com celulares e tablets para acompanhar as aulas on-line. Como consequência, querem passar cada vez mais tempo conectadas a esses aparelhos.

É aí que surgem os conflitos diários e os desgastes emocionais, pois os pais e responsáveis precisam estar atentos, muitas vezes recorrendo a discussões, para controlar o tempo de uso e monitorar o conteúdo acessado pelas crianças.

É importante destacar que muitos celulares possuem ferramentas de controle parental, permitindo aos pais supervisionar o tempo de uso e acompanhar o que as crianças acessam. No entanto, mesmo com esses recursos, temos que ficar atentos para que nossos filhos não sejam vítimas de crimes digitais, que, infelizmente, são cada vez mais comuns.

Sim, é cansativo. É chato. Às vezes, pensamos em desistir. Mas não podemos. Nossas crianças ainda não têm maturidade para usar esses dispositivos sem supervisão. Nossa missão é mostrar a elas que o tempo dedicado aos eletrônicos deve ser bem menor do que elas gostariam, para que não seja prejudicial, e sempre sob a vigilância de um adulto.

Elas vão ficar bravas, chorar, reclamar, implorar por "só mais um pouquinho" de vídeo ou jogo. Ainda assim, é fundamental conversar, explicar os perigos da internet e acompanhar o que estão vendo e fazendo na internet. É nosso dever proteger nossas crianças.

REDES SOCIAIS: ALIADAS OU VILÃS DA SOCIEDADE?

Em tempos digitais, onde tudo o que parece belo está estampado nas redes sociais, principalmente por meio de imagens, acompanhadas ou não de legendas, frases que demonstram felicidade, cumplicidade, amor e carinho, entre tantos outros sentimentos bons e maravilhosos, muitos que estão do outro lado da tela acabam refletindo, questionando, às vezes indagando e comentando sobre essas publicações. Algumas frases são comuns de se ouvir:

> "Ah, a felicidade é vivida somente por fulano ou sicrano."
>
> "Ah, o fulano é feliz porque tem dinheiro e não tem preocupação com contas e horas de trabalho a serem cumpridas."
>
> "O sicrano é exibido e quer mostrar tudo o que faz, o que compra e onde está."
>
> "Diante de tudo que vejo nas redes sociais, percebo como sou pobre e como minha vida é sem graça."

Já escutei frases como essas e acredito que muitas outras pessoas também já ouviram algo parecido.

Com base nisso, e diante da fase de reflexões que têm aflorado em mim, me pergunto e proponho algumas reflexões: será que os pensamentos e as indagações provocados pelo que vemos nas redes sociais contribuem para momentos de tristeza momentânea em quem acompanha essas publicações e sente que nunca poderá viver algo parecido?

Será que reforçam o desânimo, a depressão ou a sensação de incapacidade, ao comparar a própria realidade com um ideal que parece perfeito?

São tantas indagações que poderíamos ficar horas a debater, mesmo sem sermos profissionais de saúde mental. É fato que essas plataformas têm levado muitas pessoas a dedicarem boa parte do dia a acompanhar publicações que, em sua maioria, mostram momentos felizes, enquanto quem posta também gasta tempo expondo sua rotina, entre outras informações pessoais.

Mas será que a vida real, que não aparece nas redes sociais com seus desafios pessoais, familiares e profissionais, é mesmo tão perfeita quanto parece? E será que precisa ser perfeita ou estar totalmente sob controle?

É natural que as pessoas queiram mostrar o que têm de melhor, incluindo não somente a beleza física, mas também conquistas profissionais, esportivas ou intelectuais. No entanto, será que é saudável para quem posta transformar isso num compromisso diário com amigos ou seguidores, compartilhando cada passo constantemente?

E para quem consome esse conteúdo, será que vale dedicar tanto tempo e energia? Neste caso, não me refiro ao profissional da área, que utiliza as redes como ferramenta para laborar de forma honesta e com aquilo que sabe fazer.

Será que estamos gastando nosso tempo de maneira saudável, tanto para nós mesmos quanto para aqueles que amamos e que estão ao nosso lado? Estamos aproveitando o pouco tempo livre para aprender, evoluir pessoal, intelectual e espiritualmente?

Concluo este texto propondo uma reflexão sobre como usamos essas tecnologias poderosas e cativantes. Elas podem ser nossas aliadas, mas se não soubermos dosá-las, facilmente se tornam vilãs.

UM FILHO

Um dia, ouvi uma frase de uma mulher, mãe de filho único, que ao ser perguntada se gostaria de ter mais filhos, respondeu: "Não, não quero. Ele já me dá alegrias e tristezas suficientes. Um único filho está ótimo!".

A pergunta foi feita por outra mulher e, por acaso, eu estava por perto e acabei ouvindo tal diálogo.

Mãe "fresca", como dizem algumas pessoas, já que me tornara mãe havia poucos meses na época, confesso que fiquei assustada naquele momento com tal resposta.

Durante algumas horas, naquele mesmo dia, me pegava pensando sobre a resposta daquela mulher à pergunta recebida.

Refletia sobre como poderia uma mãe ter aquele pensamento, pois mesmo com todos os desafios relativos à maternidade, como noites maldormidas ou sem dormir, enjoos e dores pós-parto, dentre tantas outras adversidades que cada mulher passa antes, durante e após o nascimento do bebê, o dom de ser mãe é uma dádiva divina.

Admito que, naquele dia e em muitos outros seguintes, julguei aquela mãe. Julguei para mim mesma, em pensamento. Não a julguei pelo fato de não querer ter mais filhos, e sim por dizer que a criança lhe dava "alegrias e tristezas suficientes". Eu achava inadmissível uma mãe falar daquela forma de um filho, que é a maior prova do quão abençoadas somos por poder trazer uma vida ao mundo.

Entretanto, o meu prejulgamento em relação à resposta daquela mãe caiu por terra não muito tempo depois, quando, ao também ser indagada se gostaria de ter mais filhos, já que sou mãe de uma única filha, dei a mesma resposta.

Eu, que a condenei em pensamento anos antes, reproduzi a mesmíssima resposta ao receber tal indagação quando minha filha tinha entre dois e três anos. E olha que já repliquei algumas tantas vezes.

Reconheci e hoje falo com a boca cheia, sem medo de julgamentos, que minha filha me dá alegrias e tristezas suficientes.

As alegrias vêm desde que ela era bebezinha. E era isso o que eu sentia até certa fase, mesmo tendo muito sono, cansaço físico, mental e emocional relativos aos cuidados com minha pequena. Ver aquele sorriso banguela, lindo, puro, e depois com os primeiros dentinhos, o engatinhar, o ficar de pé, os primeiros passos, a primeira palavra que, para minha felicidade completa foi "mamãe"; enfim, todas as descobertas e evoluções daquele serzinho eram motivo para eu me alegrar.

Depois, e até concomitantemente aos períodos de alegria extrema vivenciados por mim em relação às descobertas de minha filha, vieram as tristezas, oriundas de vários momentos, como quando um filho fica adoentado, cai e se machuca; ou mesmo quando ele começa a perceber que é um ser único, capaz de realizar algumas atividades e que nem sempre precisa de sua genitora para fazer algo por ele.

E a lista de períodos tristes foi e vai se alongando, já que houve e há os momentos de birras, desobediência e discordâncias, normais à espécie humana. Ah, e como nós, mães, sofremos e nos entristecemos com esses períodos! Mas fazem parte da vida e, diariamente, vamos aprendendo a lidar com cada fasc.

Diante disso tudo, concluí e assino embaixo da frase daquela mãe: minha filha me dá alegrias e tristezas suficientes.

Analisando todas as fases do ser humano maravilhoso que tive o privilégio de gerar e trazer ao mundo, afirmo em letras garrafais que ela me dá MAIS ALEGRIAS do que tristezas, pois um filho, dois filhos, três filhos, ou sejam quantos forem, são presentes de Deus, que nos são confiados para nos mostrar que somos capazes de amar alguém muito mais do que a nós mesmos e enfrentar tudo e todos por eles.

Com os filhos, aprendemos a ser mais tolerantes, mais responsáveis, mais compreensivos, mais solidários; viramos enfermeira, médica, curandeira, cozinheira, confeiteira — tudo com o maior orgulho e prazer —; e nos tornamos seres humanos melhores, para servir como bom exemplo para nossa cria.

FRANCISCO NÃO É CHICO

Para algumas pessoas, Francisco é Chico; Antônio é Tonho; e José é Zé. Os codinomes seguem uma lista enorme, podendo incluir diminutivos ou aumentativos, como Chiquinho, Chicão; Toninho, Tonhão; Zezinho ou Zezão, entre tantos outros. Por vezes, esses apelidos são dados pela própria família, por amigos ou até desconhecidos, e assim vão surgindo as variações nos nomes de muitas pessoas.

Certa vez, estava em um hospital quando fui auxiliada por um profissional destacado para me levar ao setor desejado. Sorridente e muito gentil, ele me cumprimentou com um belo bom-dia e se apresentou, dizendo seu nome e informando que me acompanharia até o local.

Como não entendi o nome, perguntei novamente, e ele respondeu, ainda sorrindo: "Meu nome é Francisco, não é Chico". Pode parecer que ele tenha sido seco, mas em nenhum momento foi deselegante. Diante da resposta, comentei: "Realmente, um nome tão bonito merece ser pronunciado por completo. Acho lindo o nome Francisco".

Conversador, assim como eu, durante o trajeto ele mencionou situações em que foi chamado de Chico,

Chiquinho e Chicão e contou que sempre avisava as pessoas que preferia ser chamado pelo nome recebido pela mãe.

Segundo Francisco, o nome foi escolhido por sugestão de um primo médico que, por coincidência do destino, realizou o difícil parto prematuro. A mãe estava grávida de sete meses quando deu à luz. Por isso, o nome foi uma forma de agradecimento a São Francisco de Assis, ideia prontamente aceita pela genitora.

Durante o trajeto, que demorou aproximadamente cinco minutos, ele completou: "Nada contra quem gosta de ser chamado de Chico, mas quero ser chamado pelo nome que recebi. Se eu fosse artista ou cantor, como Chico Anísio ou Chico Buarque, por exemplo, até combinaria. Agora pensa no Papa, que também é Francisco, sendo chamado de Chico. Não combina, né! Acho que seria até falta de respeito", completou.

Concordando com as suas colocações, comentei que tenho uma irmã quinze anos mais nova chamada Eduarda. Em casa, nunca a chamamos de Duda, como muitas Eduardas ou Marias Eduardas acabam sendo chamadas. Já vimos amigos chamando-a dessa forma abreviada, e perguntei se isso a incomodava ou deixava triste. Ela disse que nunca tinha pensado sobre isso, que já estava acostumada e não se importava. Aliviada, sigo chamando-a pelo nome completo, que considero lindo e forte.

Encerrando a conversa com o simpático profissional, ele me perguntou com que eu trabalhava, já que carregava um notebook. Expliquei que sou jornalista e escrevia artigos para um jornal da minha cidade, mencionando que ele acabara de me dar uma ideia para um texto. Visivelmente feliz, antes de se despedir, comentou que se sentia lisonjeado por ter me inspirado.

Ele nem imagina, mas fui eu quem se sentiu engrandecida ao conversar com alguém desconhecido que me deixou tão à vontade. Foi um papo que parecia despretensioso, mas serviu para refletir sobre a importância de respeitar como cada pessoa deseja ser chamada e reconhecida.

Concluo este texto reafirmando o título: Francisco não é Chico. Todavia, se ele quiser, poderá ser Chiquinho, Chicão, Chico ou qualquer outro nome que o faça feliz. No fim das contas, o que realmente importa é respeitar cada pessoa da forma como ela é e como deseja ser tratada.

AS CAIXINHAS
E A CAIXA-PRETA

Alguns anos atrás, numa palestra realizada durante a semana de comemorações do Dia Internacional da Mulher, o palestrante de um evento de que participei abordou alguns motivos pelos quais as mulheres superam os homens em muitas funções.

Um desses motivos, segundo ele, comprovado cientificamente, seria o fato de os indivíduos do sexo masculino terem o cérebro "dividido em caixinhas", o que os leva a realizar apenas uma função de cada vez.

De acordo com o palestrante, os homens, mesmo que desejem, não conseguem desempenhar mais de uma atividade simultaneamente. Arrancando risos da plateia, ele disse: "Quando a caixinha do futebol está ligada, não adianta falar nada, entrar na frente da TV e acenar para chamar a atenção, ou estar mais bonita e superproduzida, ele só terá olhos e ouvidos para o jogo que está assistindo". E completou: "Cada caixinha funciona separadamente".

Assim como eu, acredito que todas as mulheres ali presentes adoraram saber de tal estudo que comprova cientificamente que os homens precisam ligar cada caixinha separadamente, para não entrarem em curto-circuito e terem pequenas panes.

Naquele momento, era visível o sorriso cúmplice das mulheres e os cochichos na plateia. Imagino que muitas estivessem se lembrando de situações vividas com homens de seus círculos de convivência, finalmente compreendendo os motivos pelos quais, em tantas ocasiões, não foram ouvidas.

Não que desejemos ser melhores que os homens, mas o fato de as mulheres possuírem uma "única caixa", que permite realizar diversas tarefas simultaneamente enquanto armazena incontáveis informações — como datas comemorativas, horários e muito mais —, é inegável.

A mulher é capaz não só de pensar em várias coisas ao mesmo tempo, como também de realizar múltiplas tarefas paralelamente. Ela amamenta enquanto mexe na panela; envia e-mails enquanto planeja o jantar; alimenta os pets enquanto dá bronca em alguém da casa por não ajudar nos afazeres; lava louça assistindo a um documentário ou a uma reportagem; limpa a casa e, ao mesmo tempo, orienta os filhos na tarefa escolar; anda pela casa recolhendo objetos fora do lugar enquanto escova os dentes. Ufa! São tantas coisas que muitas mulheres se reconhecerão aqui.

E ainda há espaço na "caixa-preta" do cérebro feminino para encontrar aquele objeto, roupa, calçado ou alimento que o homem procura, procura e não acha. Ainda que o item esteja no mesmo lugar de sempre ou no local indicado pela mulher, ele não o encontra. É aí que entra em ação o "dispositivo feminino", pacientemente — ou impacientemente, dependendo da situação —, para localizar o que parecia invisível ao olhar masculino. Talvez a caixinha "procurar" tenha falhado ou estivesse em manutenção. E na sua casa, é assim? Na minha, e em muitas outras, certamente é!

O BEM SEMPRE VENCERÁ O MAL

Certa vez, minha filha, à época com sete anos, me perguntou por que existe tanta maldade no mundo. Ela havia assistido, por descuido meu, uma parte do telejornal noturno, que noticiava fatos ligados à criminalidade e expunha a face mais cruel do ser humano.

Pega de surpresa com o questionamento e me culpando por tê-la deixado ver parte do noticiário, tentei atenuar a situação, comentando que todos os seres humanos nascem bons, porém, dependendo de vários fatores da vida, podem mudar ao longo do tempo e fazer coisas que nem sempre são boas.

Na ocasião, aproveitei para lhe garantir que, no geral, a maioria das pessoas era e ainda é do bem. Encerrei a conversa com uma frase para tranquilizá-la: "Acredite: o bem sempre vence o mal. Fique tranquila, isso aconteceu longe de nós e não ocorrerá por aqui".

Como mãe zelosa e protetora, quis mostrar à minha filha que aquela realidade de violência estava distante de nós, para que ela ficasse menos abalada e não tivesse uma preocupação desnecessária e que não condizia com sua idade. Afinal, as únicas preocupações das crianças deveriam ser brincar e estudar (quando estiverem na idade apropriada para tal), além de serem muito felizes.

Neste momento, minha filha está com onze anos e não consigo mais atenuar ou minimizar muitos dos fatos ruins que acontecem pelo mundo. Ela já acessa a internet para trabalhos escolares e até para se entreter — sob supervisão e por tempo limitado —, assiste aos telejornais algumas vezes e ainda fica sabendo de diversas situaçõcs ruins ocorridas no país e no mundo, devido às conversas na escola e com amigos. Faz parte da vida e do aprendizado do ser humano. Resta a mim, assim como a todos os pais e responsáveis, orientar sobre como agir para se proteger e sobre como ser uma pessoa que promova o bem.

Para além das palavras, cabe a mim, como adulto responsável, mostrar, por meio de ações práticas no dia a dia, como propagar o bem, porque ele vencerá o mal, sim, se fizermos para o outro o que gostaríamos que fizessem para nós mesmos ou para nossos entes queridos. Não há lição mais certeira do que ensinar sobre o bem por meio de exemplos práticos.

A maldade está aí, à solta, como uma erva daninha que precisa ser combatida, mas o bem tem raízes profundas, fincadas na terra, e resplandecerá como belas flores e frutos se o regarmos frequentemente.

Sejamos propagadores do bem!

A INTOLERÂNCIA DO DIA A DIA

Como adoro escrever artigos sobre variados assuntos, dependendo do dia, escrevo sobre algo que percebi em determinada circunstância do meu cotidiano, e desta vez resolvi discorrer sobre INTOLERÂNCIA.

Antes, porém, vamos à definição do termo. Segundo o dicionário Michaelis, a palavra "Intolerância" é um substantivo feminino, cuja definição é: "Característica de intolerante, inflexível, de quem não expressa perdão nem clemência; intransigência. Define-se também como a ausência de tolerância ou falta de compreensão".

Pois bem, como ser humano falho que sou, que também tenho momentos de intolerância como qualquer indivíduo, dependendo da situação, tenho visto que essa característica inerente a todos está aflorada excessivamente em algumas pessoas, e fico pensativa sobre o porquê de tanta intransigência em determinadas ocasiões.

Começo a refletir e me questiono: por que será que o ser humano está tão intolerante no dia a dia? Por que tanta ira ao reclamar de alguma coisa que o desagradou? Será que o dia dessa pessoa começou tão ruim assim, a ponto de deixá-la tão incompreensível e agressiva para com quem cruza seu caminho por motivos que poderiam ser tratados de forma mais leve?

Tais reflexões acontecem especialmente quando presencio cenas de intolerância ou fico sabendo de tristes fatos ocorridos devido à falta de clemência perante outro cidadão em algumas ocasiões.

Para citar um exemplo, uma vez acompanhei uma triste cena de intolerância no trânsito, que foi vista também por outras pessoas, inclusive crianças. Eram 7h da manhã quando estava aguardando um carro passar para atravessar a rua e deixar minha filha na porta da escola. Gentilmente, a motorista, que acabara de deixar seus filhos na unidade escolar, parou o veículo poucos centímetros após a faixa de pedestre e me deu sinal para eu cruzar a rua antes que ela seguisse o caminho.

Agradecida, comecei a atravessar a rua com minha filha, e a motociclista que estava ao lado do veículo que cedeu a passagem, começou a gritar, desferindo palavras de baixo calão contra a motorista do carro, pelo fato de ela ter parado o veículo, "atrapalhando-a" de ultrapassar e seguir seu trajeto.

Todos que estavam no local ficaram assustados com tamanha intolerância da motociclista diante da motorista que, além de agir de forma gentil, cumpriu com as orientações do trânsito, que são: diminuir a velocidade próximo a unidades escolares e ceder passagem ao pedestre, quando este está perto da faixa. No caso, não estávamos exatamente em cima da faixa, como citado anteriormente, porém o que prevaleceu ali foi o bom senso da motorista.

Triste com o ocorrido, fiquei a manhã toda refletindo sobre o fato. Em alguns momentos, pensava na gentileza da motorista que, com um belo sorriso no rosto, nos deu passagem; e por vezes, lembrava da ira e das palavras agressivas da motociclista que, de forma implacável, protestava pelo fato de ter sido atrapalhada naqueles poucos segundos que a impediram de seguir o caminho.

Por fim, cheguei à conclusão de que cada um oferece para os outros o que tem dentro de si naquela determinada ocasião. Pode ser que, naquele dia, uma delas estivesse muito bem no momento, e a outra, com preocupações que a tiraram do eixo, tornando-a intolerante de forma demasiada. Entretanto, penso que, independentemente do nosso estado emocional, devemos nos atentar para não explodir e não jogar em cima de outras pessoas nossas frustações diárias.

Que tenhamos calma e sejamos mais tolerantes no dia a dia!

A BELEZA DO SER

"Beleza não põe mesa." Já ouviu essa expressão popular? Ela é bem antiga, e escutei da minha mãe na adolescência, quando meu corpo passava por mudanças físicas, além das alterações hormonais e emocionais provocadas pela transição de fase.

Por mais que desejasse entrar na adolescência, crescer doía — e ainda dói. Com a transição tão esperada, chegava também uma miscelânea de sentimentos: ora ficava feliz por já me achar moça; ora triste e angustiada, por pensar que não me enquadrava no perfil das adolescentes da época.

A tristeza aparecia quando pensava que não tinha o corpo ideal para a idade (era muito magra e desengonçada), por achar que meu cabelo ondulado não era bonito ou por me incomodar com meu rosto muito redondo e com poucas — mas bem incômodas — espinhas internas.

A melancolia aflorava quando via as meninas da mesma idade vestidas com roupas e calçados da moda, enquanto eu usava vestimentas surradas e tênis rasgados (não porque era tendência). Até que, um dia, ouvi de minha mãe o ditado popular que motivou esta reflexão: "Beleza não põe mesa".

Firme nas palavras, ela continuou: "Beleza física não é tudo. Não adianta ter somente esse predicado. Ser bonita externamente, andar com roupas e calçados da moda pode parecer muito bom, mas a verdadeira beleza do ser humano vai muito além disso: está nos comportamentos, na forma como lidamos com o outro, na honestidade, no respeito e na gentileza que deixamos por onde passamos. O resto é consequência de quem somos".

Naquele momento, confesso que apesar de concordar com minha mãe em partes, não me convenci totalmente em relação ao ditado popular que ela mencionou. Talvez fosse pela imaturidade.

Passados alguns anos, já mais madura, percebi que minha mãe tinha razão naquela conversa, que serviu para me acalmar na ocasião e, mais do que isso, ensinou-me que o ser humano tem muitas belezas, cada qual à sua maneira. Contudo, a que deve prevalecer mesmo é a beleza de SER uma pessoa íntegra, que se cuida, sim, para ter saúde física e mental, mas que não se torna escrava de uma busca incessante — e às vezes, até irresponsável, para TER o corpo considerado perfeito, o rosto impecável ou as melhores roupas, calçados e acessórios da moda, esquecendo-se de SER gentil com as pessoas que cruzam seu caminho.

DROGAS LEGAIS TAMBÉM VICIAM E CAUSAM ESTRAGOS

O que seriam as drogas legais? São aquelas comercializadas com autorização de órgãos nacionais, como as bebidas alcoólicas, os cigarros, e alguns medicamentos, que também são considerados drogas.

No Brasil, as drogas legais estão por toda parte. Bebidas e cigarros (exceto os eletrônicos, que ainda não possuem autorização para venda) podem ser encontrados nas prateleiras de vários estabelecimentos comerciais, com marcas diversas, para todos os gostos e bolsos. A única regra para aquisição desses itens, ainda bem, é que somente pessoas maiores de dezoito anos podem comprá-los. Entretanto, infelizmente, percebemos que muitas crianças e adolescentes consomem alguns desses produtos por intermédio de adultos.

Já os medicamentos, que são drogas que só podem ser comercializadas em farmácias ou drogarias — e dependendo do tipo, somente com receituário médico —, a fim de tratar doenças variadas, podem se tornar viciantes também. Por isso, nosso país, acertadamente, fez normativas que controlam a venda de alguns tipos de fármacos. Apesar disso, infelizmente, é grande o número de pessoas dependentes de remédios que podem causar sérios danos à vida de quem os utiliza de forma demasiada e sem recomendação médica.

Mesmo com a regulamentação de leis em nosso país que determinam regras para a venda de drogas legais, percebemos que o número de pessoas que se tornam dependentes de algum ou alguns desses itens tem aumentado nos últimos anos. É doloroso saber disso, pois são vidas que se perdem muito precocemente diante dos nossos olhos, já que os problemas de saúde oriundos do uso contínuo de tais substâncias são muitos.

Sou leiga em saúde pública para quantificar os problemas ocasionados pelo uso indiscriminado de medicamentos, cigarros e bebidas alcoólicas. No entanto, não é preciso ser especialista na área para constatar que muitos de nossos semelhantes estão perdendo a saúde física, mental e emocional devido à dependência das drogas legais.

É triste olhar ao redor e ver seres humanos entorpecidos pelo uso de substâncias legalizadas, abandonando suas famílias, perdendo emprego, deixando de estudar ou, em casos mais extremos, vivendo nas ruas devido ao rompimento dos laços afetivos. Muitas vezes o cansaço dos familiares em lidar com o dependente acaba levando à ruptura, e a pessoa, por sua vez, perde também a própria identidade.

Mas o que fazer para evitar ou diminuir o número de pessoas dependentes dessas substâncias legalizadas, que muitas vezes são a porta de entrada para outras drogas (não liberadas) igualmente perigosas? Acredito que trabalhos de conscientização e orientação sobre os problemas causados pelo uso excessivo dessas substâncias, promovidos por profissionais de saúde em ambientes escolares e de trabalho, possam ajudar bastante. Ademais, a família também precisa fazer sua parte, aconselhando e sendo exemplo prático para os filhos, para que não se enveredem nesse caminho, que no começo parece promissor, mas logo se mostra cheio de curvas perigosíssimas e de difícil retorno.

GENTILEZA FAZ UM BEM DANADO!

Há muito tempo penso em escrever sobre uma atitude que considero primordial para os seres humanos, mas que, infelizmente, percebo faltar a alguns de maneira muito intensa. Trata-se da GENTILEZA. Uma palavra tão singela, mas que faz um bem enorme tanto para quem a pratica quanto para quem a recebe.

A gentileza, definida no dicionário como "ação nobre, distinta ou amável; qualidade ou caráter de quem é gentil", pode ser transmitida por meio de gestos, olhares, atitudes ou palavras. Ela tem o incrível poder de transformar o momento de uma pessoa — ou até de várias — para melhor.

Para ser gentil, não precisa de muito. Basta vontade e uma dose de empatia, ou seja, a capacidade de se colocar no lugar do outro. Para isso, devemos fazer ao próximo aquilo que gostaríamos que fizessem por nós, caso estivéssemos na mesma situação.

Assim como aquela frase clichê — mas que nunca é demais lembrar: "gentileza gera gentileza". Se quero que alguém seja gentil comigo, também preciso adotar atitudes gentis, como dar um bom-dia, sorrir ao cumprimentar — mesmo que apenas com os olhos —, pedir algo de forma respeitosa, agradecer e até tolerar certos dissabores do dia a dia. Assim, tudo tende a se tornar mais leve, e a gentileza vai ganhando espaço.

Alguns poderão afirmar que não dá para ser gentil sempre. Eu discordo. Acredito que, mesmo quando somos tratados de forma hostil, a gentileza pode quebrar o gelo e abrir caminho para que o outro reconheça que nem tudo precisa ser resolvido de maneira rude.

É claro que nem todos os dias estamos bem. Há momentos em que nos sentimos ranzinzas, mal-humorados, ou preferimos a solidão para evitar interações. Contudo, não vivemos em uma bolha e inevitavelmente cruzaremos com outras pessoas — seja na rua, no trabalho ou até em casa, para aqueles que não moram sozinhos. É nessas horas que a gentileza deve prevalecer, pois ela beneficia ambas as partes.

Acredito que a gentileza, seja recebida ou praticada, tem um poder enorme de transformar o dia de qualquer pessoa. Ela aquece o coração, alivia — mesmo que por alguns momentos — a tristeza e o desânimo, e nos motiva a buscar viver dias melhores.

Pratiquemos mais a GENTILEZA, mesmo nos momentos em que tudo está pesado. Assim, a leveza começa a surgir.

OBRIGADA, MÃE!

O**brigada, mãe!** Uma frase tão curta, mas de uma relevância tão grande, e que, com o passar dos dias e dos anos, nós, filhos, não a pronunciamos com a frequência que poderíamos às nossas mães — genitoras ou mães de coração.

E como é maravilhoso agradecer! Ainda mais àquela que se abdicou de tantas coisas para nos criar e nos educou com dedicação e amor, sem arrependimentos por ser MÃE.

Agradecer é um ato tão cotidiano, pois o fazemos diariamente em várias situações, mas, por vezes, não o direcionamos às nossas mães, que fizeram e fazem tanto por nós.

Assim sendo, valorize o Dia das Mães que, apesar de ser uma data comercial, nos impulsiona a oferecer todas as homenagens possíveis a esses seres iluminados que são as mães.

Agradeça à sua mãe por, mesmo diante de tantas dificuldades ao longo do caminho, ter se mantido firme e forte para proporcionar-lhe o melhor que podia naquela situação.

Agradeça-a por ser pai e mãe ao mesmo tempo, como foi a minha e tantas outras mães solos que existem.

Agradeça-a pelo leite materno que o(a) sustentou ou pelo alimento oferecido e preparado com o maior carinho, mesmo que com poucos recursos financeiros, fazendo o possível para matar sua fome.

Agradeça-a pelas noites em claro, vigiando sua febre, fazendo compressas para aliviar o mal-estar; e pelas vezes que o(a) levou ao médico para cuidar de enfermidades.

Agradeça-a por enfrentar o mundo, sair à luta e, muitas vezes, trabalhar em mais de um emprego para suprir suas necessidades básicas.

Agradeça-a pelos ensinamentos diários: como andar, falar, se portar, entre tantas outras lições de vida.

Agradeça-a pelos puxões de orelha e por ela ter sido chata quando necessário, mostrando caminhos que o(a) ajudaram a ser a pessoa que é hoje.

Agradeça-a, mesmo que ela não esteja mais neste plano terrestre, pois mães são anjos de Deus e, onde quer que estejam, continuam zelando pelos filhos.

Parabéns a todas as mães — as de barriga e as de coração —, porque mãe não é só aquela que gera e dá à luz, mas também aquela que cuida, se doa e ama incondicionalmente, sem esperar nada em troca.

Parabéns, mamães!

SOMBRINHA OU GUARDA-CHUVA?

Certa vez, enquanto estava em um ônibus, retornando de uma viagem de pesca esportiva pelo Pantanal com casais de amigos, tive um flash de minha infância ao presenciar uma cena comum, mas que naquele momento me causou nostalgia.

Naquela ocasião, o ônibus passava pela cidade de Cuiabá, capital do Mato Grosso, quando avistei uma senhora andando pela rua, segurando uma sombrinha. O dia estava lindo e ensolarado, porém muito quente. Ao ver aquela cena, lembrei-me de minha saudosa avó materna. Em dias como aquele, além de recorrer ao mesmo objeto para se proteger, ela usava uma expressão que acredito que muitos conheçam: "Hoje está um sol de rachar mamona".

Eu, confortável no ônibus leito, com ar-condicionado numa temperatura agradável, estava um tanto rabugenta depois de passar quase três horas e meia em um micro-ônibus sacolejando para cruzar a Transpantaneira — estrada de terra no meio do Pantanal, cuja extensão é de 137 quilômetros —, até finalmente mudar de veículo em Cuiabá para seguir viagem em um ônibus mais confortável que nos levaria para casa.

Estava ansiosa para chegar à minha cidade e, mais especificamente, ao meu lar, após pouco mais de uma semana fora. Contava as horas — que ainda estavam só no começo — para sair daquele ônibus. Foi ali, ao observar aquela mulher que, além de constatar que eu estava numa situação mais privilegiada do que ela e que deveria ser grata por isso, pensei em escrever algumas linhas sobre a sombrinha e o guarda-chuva.

Naquele momento, recordei-me dos momentos que minha avó usava uma sombrinha parecida com a daquela senhora. Lembrei-me também de um dia parecido com aquele: estava um sol muito forte e minha avó precisava ir ao centro da cidade. Pegou sua sombrinha colorida para caminhar, a pé, do bairro Antônio Nadaleto Mazer — mais conhecido como Cohab 1 — até o centro.

Envergonhada por acompanhar minha avó usando uma sombrinha num dia ensolarado como aquele, não queria, de jeito nenhum, segurar aquele acessório, principalmente quando, em determinado momento, ela pediu para que eu o segurasse por alguns instantes, para descansar os braços.

Eu, com sete anos de idade, se não me falha a memória, falei: "Para quê usar sombrinha se não está chovendo? Eu não quero!" E ela respondeu: "Temos que usar para nos proteger do sol, que hoje está de rachar mamona".

Contrariada e envergonhada, obedeci. Segurei a sombrinha por alguns minutos que pareciam intermináveis e logo pedi para que ela segurasse, dizendo que estava cansada. Antes disso, porém, pensei: "Por que chamam isso de sombrinha, se em outras vezes chamam de guarda-chuva?". Pensei, pensei, e não cheguei à conclusão nenhuma naquele momento.

Depois compreendi que o mesmo objeto utilizado para nos proteger do sol de rachar mamona podia ser usado para nos resguardar da chuva. Minha avó o utilizava nas duas situações, mudando o nome de acordo com o tempo que estava lá fora.

Hoje, lembro-me com carinho e saudade das vezes que ela não só se protegeu com sua sobrinha, que também era guarda-chuva, mas cuidou de mim — a pessoa a quem ela mais queria resguardar do sol ou da chuva.

Sombrinha ou guarda-chuva, ambos foram criados para nos proteger. E são ótimas invenções. Todavia, não há criação mais bela do que as avós, que são nossas mães também e que deixam marcas doces e inesquecíveis em nossas vidas.

OBRIGAÇÃO DE CRIANÇA: BRINCAR E SER FELIZ!

Uma vez, perguntei à minha filha qual tema ela me sugeriria para escrever um artigo. Tenho muitos assuntos que gostaria de compartilhar com meus leitores, porém mesmo com tantas ideias borbulhando em minha mente, gosto de receber sugestões. Assim, seguindo a indicação do meu anjo, lá vou eu.

Além de sugerir, ela explicou o porquê de tal sugestão: "Acho que você poderia escrever que a criança não tem que trabalhar e que a única obrigação dela deveria ser estudar, brincar e ser feliz", completou minha pequena grande menina de onze anos.

Orgulhosa e feliz por ter trazido ao mundo uma criança sensível, que me ensina diariamente, respondi que escreveria sobre o tema proposto. E cá estou para compartilhar um pouco desse assunto.

Antes, porém, devo mencionar que eu, com onze anos, faltando pouco mais de um mês para completar doze, comecei a trabalhar aos finais de semana como empacotadora num supermercado da cidade. Naquela época, em 1992, era comum que adolescentes fizessem esse tipo de serviço aos sábados e recebessem pelo dia trabalhado.

Eu era uma criança entrando na fase pré-adolescente, cheia de sonhos e vontade de ser independente. Queria ganhar meu próprio dinheiro para comprar minhas coisas sem precisar pedir à minha mãe ou à minha avó materna.

Cheia de coragem, num sábado de manhã, fui com uma colega nos oferecer para sermos "pacote" — nome dado à função —, no antigo Supermercado Gimenes. Muitos adolescentes aguardavam para serem selecionados, e nós, novas no grupo, ficamos apreensivas, achando que não seríamos escolhidas. Para nossa alegria, era fim de ano, e havia alta demanda por empacotadores; assim, fomos contratadas para aquele dia.

Outros sábados chegaram, e lá estávamos nós, sendo contratadas semanalmente para o trabalho. Era cansativo, mas ficávamos felizes por estarmos trabalhando, aprendendo e ganhando nosso dinheirinho.

Por quase três anos, mantive essa rotina, trabalhando aos sábados e, ocasionalmente, durante a semana, no período da tarde, após as aulas. Eu amava o que fazia e até sonhei em me tornar caixa do supermercado quando completasse dezesseis anos e pudesse ter registro em carteira. O sonho não aconteceu — assunto que pode ser abordado em outro momento.

Por que menciono tudo isso? Porque, mesmo trabalhando aos sábados e eventualmente durante a semana, eu tinha tempo para estudar, brincar e ser feliz.

Mas, infelizmente, ainda vemos muitas crianças trabalhando não apenas para ganhar algum dinheirinho e comprar o que desejam, como um lanche ou uma roupa, mas também porque sentem as dificuldades de suas famílias em suprir o básico, ou, pior, porque são obrigadas por adultos a assumir responsabilidades que não cabem a seres tão pequeninos.

Tristemente, em muitos semáforos e portas de estabelecimentos comerciais, vemos crianças de seis ou sete anos, sob sol ou chuva, vendendo doces e balas para ajudar no sustento da família, expostas a perigos diversos e privadas de estudar, aprender e brincar.

Essa é uma situação gravíssima, na minha opinião, que precisa ser combatida, pois representa uma forma de exploração infantil. Infelizmente, várias crianças passam horas tentando vender produtos, muitas vezes à noite, perdendo a oportunidade de viver plenamente a infância — a fase mais curta da vida, que se estende até os doze anos.

Não podemos ser hipócritas e ignorar os problemas sociais que afetam tantas famílias e impulsionam essas cenas por todo o país. Todavia, também não podemos fechar os olhos, comprar uma bala, chocolate para "ajudar" e achar que fizemos a nossa parte.

É necessário exigir que as políticas públicas existentes sejam efetivamente aplicadas. Elas devem suprir as necessidades básicas das famílias em situação de vulnerabilidade, orientando-as e oferecendo os meios para melhorar sua qualidade de vida, sem que as crianças precisem ser expostas.

Além disso, órgãos como o Conselho Tutelar devem atuar com maior atenção, fiscalizando e prevenindo a exposição infantil em situações como essas, que têm se tornado cada vez mais comuns. Crianças vendendo ou pedindo em esquinas não é trabalho: é exploração!

A obrigação de uma criança é brincar, estudar e ser feliz!

NÃO SUBESTIME AS DROGAS

"Está triste? Quer ficar felizão ou felizona da vida? Fuma esse barato aqui! Ele vai te proporcionar um bem-estar danado!"

"Quer mandar essa angústia ou mágoa embora? Vamos tomar umas bebidinhas na balada hoje que isso passa."

"Quer ir às alturas, experimentar uma sensação maravilhosa, e esquecer seus problemas? Vamos embarcar nessa? Dá uma tragada aqui."

Esses são alguns dos convites que uma pessoa recebe para se aventurar no mundo das drogas, sejam elas lícitas (álcool e tabaco) ou ilícitas (maconha, crack, cocaína, ópio, LSD), além de tantas outras que surgem por aí e nem sequer sabemos os nomes.

A apresentação normalmente acontece em situações corriqueiras e, em geral, por meio de pessoas do círculo de convivência momentâneo, como amigos, colegas, conhecidos de festas e até namorados(as). Embora não seja uma regra, muitos relatos de pessoas que se tornaram dependentes mencionam esses grupos como os primeiros iniciadores das substâncias.

Infelizmente, diante do convite, muitas pessoas, de diferentes idades e classes sociais, sucumbem à tentação de experimentar as sensações "maravilhosas" prometidas por quem as incentivou. Isso pode ocorrer na tentativa de aliviar momentos de sofrimento, angústia, tédio ou outros sentimentos que são parte da vida humana.

Outros optam por experimentar drogas apenas por curiosidade, acreditando que terão controle sobre si mesmo, sobre seu corpo e suas ações. Pensam que podem provar a droga X ou Y uma única vez ou de maneira ocasional, sem se tornarem dependentes. Ledo engano! As drogas são tentadoras: provocam alegria momentânea, abafam dores e proporcionam sensações de segurança, superioridade e poder. Porém, mais do que isso: causam dependência. Por isso, tenho um lema comigo: nunca subestime o poder das drogas!

Nunca experimentei drogas ilícitas. Não por falta de oportunidade, mas porque não quis me aventurar por um caminho que promete felicidade intensa, prazer, euforia e uma falsa anestesia dos sofrimentos. Sei que, depois do efeito, vem algo muito pior: um impacto devastador na vida de quem se torna dependente.

Os entorpecentes prometem sonhos maravilhosos, mas ao voltar à vida real, surgem os pesadelos, que são vividos acordados, e podem durar anos ou até uma vida inteira. O preço pode ser a saúde física e mental ou até a própria vida do usuário.

Além disso, há o sofrimento dos familiares, que, assim como os dependentes químicos, adoecem ao lidar com a dor de ver seus entes queridos mergulharem em um caminho de difícil retorno. Nessa situação, todos sofrem: o dependente e os que o cercam.

Felizmente, existe tratamento tanto para os dependentes quanto para os familiares. Muitos casos alcançam sucesso com o trabalho intenso de profissionais das áreas de saúde mental e assistência social. Todavia, acredito que a prevenção é o melhor caminho. Ela é mais certeira, econômica e garante uma vida melhor para todos.

É claro que sempre haverá dores, tristezas, angústias e mágoas. Esses sentimentos fazem parte da vida e não desaparecem de uma hora para outra. Para lidar com eles e viver melhor, podemos recorrer à ajuda de terapeutas, que estão preparados para nos auxiliar. Também podemos nos apegar a Deus, nosso Criador, que nos fortalece nos momentos de fraqueza. Basta buscá-lo e lutar contra as forças do mal que, vez ou outra, tentam invadir nossas vidas.

Concluindo, vamos permitir que entrem em nossa casa, em nossa vida e na vida daqueles que amamos somente o que fará bem a todos!

PAIS DOS NOSSOS PAIS

"Honra teu pai e tua mãe, a fim de que tenhas vida longa na terra que o Senhor, o teu Deus, te dá." Essa frase é um versículo bíblico, encontrado no livro de Êxodo 20:12. Achei pertinente trazê-la para este texto, com o objetivo de despertar em nosso exame de consciência a forma como estamos lidando com nossos pais.

Independentemente de religião, acredito que essa frase é bem certeira e deveria ficar latente na cabeça dos filhos, para que não se esqueçam daqueles que, do jeito deles e como puderam, nos criaram com dedicação e amor.

Por que resolvi escrever sobre isso? Além de já ter presenciado situações diversas de familiares que queriam abrigar seus idosos em asilos, alegando não ter tempo, disposição e/ou dinheiro suficiente para ajudar nos cuidados com essas pessoas, recentemente soube de casos de idosos lúcidos, porém com pequenas limitações físicas, que foram colocados em casas de repouso sem sequer serem consultados sobre essa decisão.

Não foi a primeira vez que ouvi tal absurdo, mas confesso que agora, um pouco mais velha, já na casa dos "enta" (acima dos quarenta anos), fico mais emotiva com algumas situações. Fiquei bem triste e assombrada ao saber que filhos possam agir de tal forma com um pai ou uma mãe, inventando que o novo lar será temporário.

E o que era provisório passa a ser definitivo. O idoso percebe que os meses passam, e ele continua lá, "enjaulado". Apesar do ambiente agradável, com paredes clarinhas, chão limpinho, roupas de cama e banho asseadas e cheirosas, comida gostosa e variada, além de profissionais competentes à disposição 24 horas por dia, ele está longe de seu verdadeiro lar. Faltam-lhe os objetos preferidos e, principalmente, o convívio com os entes queridos. Esse convívio, mesmo que não ocorresse diariamente, poderia acontecer semanalmente, quinzenalmente ou até mensalmente, por alguns minutos ou horas. Na antiga morada, esses momentos traziam alegria e se desenrolavam em um ambiente cheio de memórias afetivas.

É oportuno mencionar que cada família é única, cada pessoa pode ter limitações físicas, mentais ou sensoriais. Em alguns casos, é realmente necessário um cuidado maior, e por isso algumas famílias optam por abrigar os idosos em casas de repouso, onde podem receber atendimento especializado de forma ininterrupta. Todavia, acredito que é preciso avaliar com muita atenção todas as possibilidades, envolvendo todos os filhos e demais familiares, antes de tomar uma decisão que impactará positiva ou negativamente a vida daquele ser humano que tanto fez e tanto lutou para proporcionar à sua família o melhor que pôde.

O assunto é extenso, delicado, divide opiniões, causa desconforto em algumas pessoas e até desavenças familiares. No entanto, é essencial falar mais sobre os cuidados com os idosos, que precisam ser tratados com respeito e, acima de tudo, amor.

Que sejamos pais de nossos pais, assim como eles foram para nós: com dificuldades ou não, batalharam para colocar a comida na mesa, comprar os suprimentos necessários para o lar, oferecer roupas, calçados, educação e momentos de lazer. E, acima de tudo, eles nos dedicaram cuidado, afeto, amor, paciência e tempo de qualidade.

BRADEMOS TAMBÉM PELOS DEVERES DE TODOS

Vira e mexe, ouvimos frases como: "Estou no meu direito", "É meu de direito" ou "Esse direito ninguém me tira". E por aí seguem muitas outras expressões relacionadas aos direitos dos seres humanos.

Conforme as leis vigentes, os cidadãos brasileiros têm direito à vida, à liberdade de pensamento, a direitos políticos — que incluem votar, ser votado e participar de movimentos políticos e sindicais —, e a direitos sociais, que abrangem acesso à educação, saúde, alimentação, trabalho, moradia, transporte, lazer, segurança, previdência social, proteção à maternidade e à infância, entre outros.

Com a internet ao alcance de grande parte da população, ficou mais fácil conhecer os direitos dos cidadãos. Uma pesquisa rápida é suficiente para acessar as leis e aprender como reivindicar o cumprimento de cada uma.

Além da internet, acredito que hoje em dia muitos conheçam seus direitos, em grande parte graças ao papel fundamental da imprensa, que divulga constantemente informações sobre o assunto, indicando inclusive caminhos para acessá-los. Isso é ótimo, claro, pois o conhecimento facilita a luta pelas necessidades de cada pessoa ou grupo.

Porém, saindo da seara dos direitos — que acredito serem amplamente conhecidos, pelo menos os mais utilizados no dia a dia —, penso que deveríamos dar mais destaque aos deveres dos cidadãos. Infelizmente, percebe-se que o termo "direito" é muito mais propagado do que o termo "dever".

Todavia, vez ou outra, é importante lembrar que os cidadãos têm deveres a serem cumpridos diariamente, como não jogar lixo no chão, nas ruas ou em terrenos baldios; respeitar as vagas de estacionamento destinadas a grupos específicos; respeitar as filas em estabelecimentos comerciais e/ou públicos; pagar seus impostos, que devem ser usados para garantir os direitos dos cidadãos; não fumar em ambientes fechados; cuidar das crianças sob sua responsabilidade, sem transferir essa obrigação para familiares ou para o poder público; respeitar os direitos sociais de outras pessoas; proteger a natureza, bem como o patrimônio público e social do país; respeitar a propriedade privada; entre outros deveres que, embora não estejam descritos, podem ser praticados com bom senso.

Destaco aqui um dever que vejo descumprido frequentemente e que me deixa bastante incomodada, e que deve irritar outros cidadãos: aquelas pessoas que jogam lixo pela janela dos veículos. Essa atitude suja as vias da cidade e contribui para problemas sérios durante as chuvas, já que o lixo pode entupir bueiros e bocas de lobo, impedindo o escoamento das águas e gerando transtornos à população.

Nesse caso, não adianta o poder público fazer sua parte, como realizar obras de contenção das águas das chuvas ou contratar profissionais para varrer as vias públicas. Infelizmente, muitos cidadãos continuam desrespeitando um dever básico como não jogar lixo nas ruas. É necessário comprometimento de ambas as partes: os órgãos gestores das cidades e os cidadãos, que precisam zelar pelo ambiente em que vivem. Assim, todos saem ganhando.

Concluindo, acredito que os direitos e os deveres devam caminhar lado a lado. Quando ambos são cumpridos por todas as partes, tudo tende a funcionar melhor. Por isso, sugiro que usemos a mesma força das cordas vocais empregadas para lutar pelos nossos direitos para bradar também pelos deveres de todos.

Quando a balança entre direitos e deveres está equilibrada, não há espaço para o desajuste de outras engrenagens, permitindo uma convivência harmônica, respeitosa e ordeira entre todos os indivíduos. E isso é o que queremos. Não é mesmo?

A "BRINCADEIRA" QUE CONSTRANGE

"TEM GENTE QUE PASSA ÓLEO NO CABELO!" Essa frase, destacada em letras garrafais, foi falada por uma estudante, próxima a mim de forma cantada, num dia normal de escola no intervalo, quando eu tinha quinze anos e cursava o 1º colegial (hoje 1º ano do ensino médio).

Eu estava na fila aguardando para pegar a comida servida pela escola quando ouvi tal provocação, seguida de risadas de alunas que estavam no entorno.

Sem graça, olhei para os lados e vi que a provocação era direcionada a mim. A frase fora falada por uma jovem um pouquinho mais velha que eu — acredito que um ano — e que era conhecida por ser encrenqueira.

Naquele dia, eu realmente tinha passado umas poucas gotas de óleo de cozinha, que tinha na garrafa quase vazia de casa. À época passávamos por uma situação financeira bastante delicada. Minha mãe estava grávida e desempregada. Os poucos recursos financeiros disponíveis eram destinados à alimentação, que era bem pouca também. Não tínhamos xampu e muito menos condicionador para lavar os cabelos. Então, lavei com sabonete e ele ficou muito embaraçado e difícil de pentear. Foi aí que minha mãe sugeriu pingar umas gotinhas de óleo nas mãos e passar pelos cabelos, para tentar facilitar o deslize da escova entre os fios.

Na ocasião, envergonhada, peguei minha refeição e fui comer sozinha num canto, para que outras pessoas não percebessem o óleo no meu cabelo e também nas pernas. Aproveitei para passar um pouco nelas, já que estava com as panturrilhas esbranquiçadas e secas por falta de hidratante.

Esse fato humilhante foi um entre outros que já passei na infância e adolescência, em virtude de minha condição socioeconômica e também física, já que era muito magra e vez ou outra era alvo de apelidos jocosos.

Naquela época, há quase trinta anos, não ouvíamos falar do termo que se dá às humilhações sofridas por algumas pessoas, o chamado bullying, que nos dias de hoje vêm acontecendo de forma ainda mais acentuada, causando incontáveis danos às vítimas.

Assim como eu fui vítima, sei que muitas crianças, adolescentes e jovens, infelizmente, passaram e passam por variadas situações constrangedoras constantemente e até piores. O ambiente escolar é o local onde mais acontecem tais fatos.

Felizmente, não me abati com as provocações recebidas, bem como exclusões e brincadeiras de mau gosto. Mesmo triste em vários momentos, me mantive firme, estudando e trabalhando para escrever um novo futuro para mim e para minha família. Todavia, nem sempre as vítimas de bullying conseguem reverter sozinhas essa situação sem que haja comprometimentos emocionais (e até físicos) em sua vida.

Tristemente, sabemos que muitas crianças, adolescentes e jovens estão sofrendo demasiadamente com inúmeros tipos de violência vividos nessas fases tão importantes para o desenvolvimento humano. Não obstante todo transtorno emocional que esses atos podem causar em quem sofre bullying, impactando negativamente o dia a dia dos perseguidos e de seus familiares, precisamos mencionar os vários casos de suicídio dessas vítimas que já aconteceram em nosso país devido às diversas formas de violência suportadas ao longo de anos ou meses.

É desolador quando lemos, vemos ou ouvimos notícias de jovens que tiraram a própria vida por não terem aguentado sozinhos a pressão, a agressão (física e emocional), a exclusão ou até mesmo o cancelamento e a exposição em redes sociais, como acontece hoje em dia.

O que fazer para evitar essas tragédias, essas práticas cruéis que geram agressão e causam dores imensuráveis em tantas famílias? Como proteger nossas crianças, adolescentes e jovens para que não sejam vítimas e tampouco algozes e praticantes de atos tão abomináveis?

Para além das palavras, acredito que nós, adultos, devemos fazer nossa parte junto aos nossos filhos, ensinando-os a serem pessoas de bem, sem preconceitos; a tratarem o outro com respeito; a promoverem atitudes de inclusão; e a se posicionarem contra quaisquer atitudes de desrespeito, não só em favor de si mesmos, mas também em defesa de outras pessoas covardemente constrangidas ou agredidas (física e emocionalmente).

Creio que devamos dar exemplos em casa, sendo tolerantes para com as pessoas do nosso convívio bem como para com aqueles que cruzam nosso caminho, que possuem opiniões diferentes das nossas; tenham religiões distintas; entre outras especificidades de cada um, pois cada ser humano deve ser respeitado como ele é e como vive. Cabe a cada um de nós fazer sua parte para que tenhamos um mundo melhor, mais inclusivo, tolerante e justo.

Como sempre recomendava minha mãe e como replico para minha filha: "Não faça aos outros o que não gostaria que fizessem para você ou para algum familiar".

Diga não ao bullying e a qualquer forma de intimidação!

Viva o respeito ao próximo!

UM SONHO

Você já sonhou o mesmo sonho várias vezes? Eu já sonhei muitas vezes o mesmo sonho, por vários dias, quando era criança. Pelas minhas lembranças, eu devia ter uns sete anos.

Lembro-me de sonhar com as mesmas cenas repetidamente e ficar sem entender quando acordava. Porém, não contava nada a ninguém. Até que, um dia, assustada, pois o sonho parecia não ter fim — ou melhor, parecia que seria o fim da minha vida —, acordei agitada, suada, com os olhos grudados de remela, quase sem conseguir abrir, e fui correndo contar para minha saudosa avó materna, com quem eu morava.

Apreensiva e até chorosa, contei-lhe que sonhara que estava caindo num buraco, que parecia um rio escuro, e que, quando já estava no fundo, vinha um homem com uma mão grande, que eu não conseguia ver o rosto, e me tirava das profundezas daquele local medonho com uma única mão.

Minha avó, que estava na cozinha cuidando dos afazeres domésticos, me acalmou e disse que fora só um pesadelo, que já tinha passado. Mas eu lhe disse que não foi a primeira vez e que estava tendo aquele mesmo sonho havia dias. Entretanto, naquele dia a sensação foi pior. Foi aí que ela, que frequentava uma igreja evangélica fazia alguns poucos anos, pediu mais detalhes e depois disse: "A mão que te levantava e tirava desse fundo deve ser Deus, que estava te salvando. Ele sempre estará te protegendo e te salvará quando for preciso".

Encabulada com a fala de minha avó, porém mais calma, segui o dia normalmente. Fui para a escola à tarde, brinquei na rua com as crianças da vizinhança no fim do dia, até chegar a hora de entrar, tomar banho, jantar e dormir.

A rotina dos outros dias seguiu normalmente e não tive mais aquele sonho. Até o esqueci à época. Minhas prioridades eram brincar na rua com a criançada, estudar e, às vezes, ajudar minha avó um pouquinho nos cuidados com a casa.

Certo dia, as estripulias das brincadeiras quase me levaram embora desse mundo. Era 1º de agosto de 1989, eu tinha oito anos. Minha avó não estava em casa; somente minha saudosa tia Sandra — irmã da minha mãe —, que cuidava de sua filha recém-nascida, minha prima Carla, nascida em 11 de julho daquele ano.

Saí para brincar na casa de um vizinho — cujo nome não lembro —, a poucos metros da casa de minha avó. Pelo que me recordo, ele não tinha filhos, mas recebia frequentemente as sobrinhas em sua casa, com quem eu brincava. Naquele dia, brincamos um pouco no quintal da frente da casa, quando, em certo momento, subi no portão, que era de grade e possuía lanças pontiagudas de ferro, para chamar outra criança que vira no meio da rua. Por uma distração, enfiei o pescoço numa das lanças.

Na ocasião, senti uma ardência, gritei, fiquei por alguns segundos — ou seriam minutos, não sei bem — com o pescoço pendurado, até que logo fui retirada dali. Corri para casa com a mão no pescoço, e a camiseta branca já bastante ensanguentada. Chamei minha tia, contei o ocorrido, e ela teve a ideia de me levar até a residência de uma amiga de minha mãe, a Ângela, localizada a dois quarteirões de nossa casa, para pedir ajuda.

Fomos andando sem imaginar a gravidade do caso. Por uma coincidência do destino, minha mãe, que deveria estar trabalhando, já que era um dia de semana normal, estava na casa da amiga. Desesperadas, as duas me levaram ao hospital. Ângela foi dirigindo o carro dela, um Fusca azul, enquanto minha mãe foi comigo no banco de trás. Na ocasião, ela levantou minha camiseta branca e, com suas mãos, foi segurando a peça sobre o ferimento, estancando o sangue que jorrava.

Chegando ao hospital, fomos direto para o pronto atendimento, onde recebi os cuidados médicos. Me lembro certinho do pano azul colocado sobre meu rosto, para que eu não visse as intervenções médicas necessárias devido à gravidade do caso. Levei oito pontos, feitos de forma muito cuidadosa, delicada e profissional pelo médico recém-formado à época, Dr. José Guilherme Barbosa, e sua equipe.

Depois do susto, o médico chamou minha mãe e lhe disse: "Faltou o equivalente a meio milímetro (a espessura de uma agulha de costura) para atingir a veia principal de sua filha, a jugular. Se isso tivesse acontecido, ela não estaria mais aqui entre nós. O fato de você ter estancado o sangramento ajudou bastante". E emendou: "Você perdeu o emprego hoje, mas ganhou uma vida!". Após minha mãe contar os detalhes da gravidade do ferimento, revelou também sobre a demissão do trabalho, ocorrida horas antes do incidente.

Já em casa, minha mãe quis saber exatamente o que ocorreu durante a brincadeira que ocasionou tão grave ferimento em meu pescoço. Contei tudo e lhe disse sobre o homem que me tirara de cima da lança do portão, que teria sido o tio das minhas colegas.

Como qualquer mãe faria, ela foi agradecer ao tio das meninas no dia seguinte. Para surpresa de todos, ele disse que não fora ele quem me tirara de cima da lança. Contou que quando chegou, após ser chamado pelas sobrinhas, eu já não estava mais lá.

Intrigada, minha mãe perguntou várias vezes se eu tinha certeza de que alguém tinha me ajudado a sair da lança. Eu afirmava que sim, e que esse alguém era um homem e eu acreditava que fosse o tio das meninas. Não era, não foi.

Quem foi? Agora, já adulta, e rememorando os fatos seguidos dos sonhos, eu tenho certeza: foi Deus! Assim como Ele me salvava nos sonhos diários e frequentes, Ele me salvou na vida real. Ele me pegou com Suas mãos poderosas e me tirou daquela lança, me manteve calma, para percorrer os caminhos da rua até chegar aos meus anjos: minha saudosa tia Sandra, minha mãe e a Ângela, que foram seres humanos essenciais enviados por Deus na hora certa, para que hoje eu estivesse aqui contando essa história.

Ah, e teve outro anjo nessa história: minha avó materna, que mesmo não estando em casa no momento do ocorrido por coincidências do destino, me mostrou sabiamente, meses antes, que eu poderia confiar Naquele que criou os céus e a terra, porque Ele estaria comigo e me salvaria no momento que eu mais precisasse, assim como nos sonhos. E Ele me salvou!

Concluindo, Ele continua ao meu lado, à minha frente e atrás de mim, por todos os caminhos que sigo, emoldurando-me e colocando anjos em meus trajetos.

MEU CABELO, MINHA IDENTIDADE!

"Cabelo, cabeleira, cabeluda, descabelada…" Esse é o refrão da música "Cabelo", composta por Arnaldo Antunes e Jorge Ben Jor, e interpretada de forma belíssima pela saudosa Gal Costa.

Acredito que quando os autores a compuseram, objetivavam destacar a identidade de expressão de cada pessoa, bem como ressaltar a diversidade e beleza dos cabelos do ser humano, em suas diferentes formas e estilos.

Como a letra da música diz, o cabelo pode ser pintado, cortado, encaracolado, escovado, pode não gostar de pente, entre tantas outras particularidades de cada pessoa que o carrega em sua cabeça. O que não pode, em minha opinião, é gerar mal-estar no dono da cabeleira, devido às reações preconceituosas de alguns por causa do tipo de cabelo.

As indústrias químicas e de tecnologia foram criando produtos e equipamentos para facilitar a vida das pessoas que quisessem ter o cabelo mais liso ou "domado", vamos assim dizer. Do secador, passando para a chapinha e chegando aos produtos compostos de formol, muitas pessoas se encantaram com tais inovações.

Eu mesma, dona de cabelos bem ondulados e que não ficavam lisos e sedosos iguais aos que admirava em propagandas de xampu e condicionador, quis entrar na moda da escova japonesa, inventada em 1998. Juntei um dinheirinho e lá fui entrar na onda do cabelo liso. À época, na casa dos vinte anos, achei lindo e super prático.

Entretanto, aquele cabelo não destacava minha identidade de verdade. Era outra Tatiane, com as madeixas totalmente lambidas e que não tinha volta por um bom tempo. Não adiantava lavar e achar que voltaria a ter minhas ondas. Foi quase um ano até que ele voltasse a ser original e sem toda aquela química que prejudicou bastante meus volumosos fios de cabelo.

Não bastasse a agonia passada aos vinte anos com a cabeleira totalmente modificada, lá fui eu mais uma vez, já com quase quarenta anos de idade, dar uma alinhada nos cabelos, para fazer uma viagem internacional que duraria dias, objetivando praticidade. Alternativa encontrada: dar uma amansada nos fios com uma técnica nova, sem o malfadado formol. Que nada. Mais uma vez, foram meses de cabelo totalmente liso, que me ocasionaram a queda de muitos fios e por consequência, a perda de volume.

Por que estou contando tudo isso? Porque, assim como eu fiz duas vezes, milhares de pessoas fizeram e ainda fazem tais procedimentos frequentemente, para ter um cabelo liso ou até se encaixar no padrão de beleza que acham que é o mais valorizado.

Minha irmã mesmo, que tem lindos cabelos cacheados, virou escrava das chapinhas e produtos à base de formol a partir dos dezessete anos, quando resolveu entrar na moda do cabelo liso. Foram quase dez anos de escravidão. Depois de perder muitos fios, além de enfraquecer os que restaram, e perceber o quanto seu cabelo estava sendo prejudicado por tais procedimentos, resolveu assumir os cachos e está ainda mais bela com seu cabelo original, que não deixa de ser tratado, hidratado e que revela a exuberante mulher que carrega aquele volumoso cabelo.

Esse texto não tem o objetivo de convencer as pessoas a mudar seu estilo ou reverter suas transformações capilares. O que desejo mostrar aqui, é que cada ser humano é único, tem características próprias e que não se deve levar por modismos e nem se entristecer por ter um cabelo diferente daqueles que aparecem em propagandas por aí.

Seu cabelo é sua identidade; seja ele de qual forma for. Quer enrolar, enrole-o! Quer alisar, alise-o! Quer pintar, pinte-o! Quer cortar curtinho, corte-o! Mas faça tudo por você, de forma consciente, com produtos e profissionais qualificados, e não para agradar outras pessoas ou para se enquadrar num padrão e buscar aceitação.

As pessoas precisam ser aceitas e valorizadas não pelo que carregam em cima da cabeça, mas pelo que carregam dentro da cabeça e do coração.

A FELICIDADE MORA AO LADO? MORA DENTRO?

O que é felicidade para você? Você se considera feliz? Fiz essas perguntas para algumas pessoas, de idades, estilos de vida e classes sociais diferentes, para conhecer a definição que cada uma tem sobre esse sentimento.

Para Fabiano, de 52 anos, eletricista autônomo, convivente de união estável, "Felicidade é ter bons amigos, fazer as coisas corretamente, não lesar e não passar por cima de ninguém e acreditar em Deus". Ele continuou: "Não precisa de muito luxo ou frescura para viver. Eu sou feliz com pouca coisa. Mesmo com os perrengues e dificuldades que passamos, vamos superando, trabalhando, lutando, porque isso faz parte da vida. A única coisa que eu gostaria e não consegui foi ter um filho, mas sou feliz assim mesmo".

Lara, de dez anos, respondeu: "Felicidade é quando a gente está perto de alguém que a gente gosta, quando a gente se diverte; essas coisas legais. Isso que é felicidade pra mim".

Letícia, de 45 anos, casada, mãe de duas crianças, psicóloga e jornalista, definiu assim: "Felicidade é estar em constante movimento, com um sentido de vida que se entrelaça com tudo o que fazemos. É como aprender a andar de bicicleta: no início você busca dominar o equilíbrio para alcançar algo maior e, uma vez aprendido, o movimento se torna natural, impossível de esquecer. Mas, para seguir em frente, é preciso pedalar continuamente, canalizando energia, dons e habilidades, transformando-os em confiança, coragem e alegria. É um prazeroso ciclo". Ela completou: "Para mim, o que dá sentido ao meu movimento, ao meu caminhar, é colocar-me a serviço do bem das pessoas, do planeta e de mim mesma, usando meus dons e habilidades para cumprir essa missão".

Minha filha, Valentine, de onze anos, respondeu toda risonha: "Felicidade pra mim é estar perto da minha família, com meus amigos e me divertir". E a mãe aqui ficou toda babona!

Para João, de doze anos, "Felicidade é algo muito bom e prazeroso. É quando uma coisa que a gente acha muito legal acontece. É muito bom sentir felicidade".

Aluízio, 57 anos, casado, pai de uma filha e carteiro, descreveu o sentimento da seguinte maneira: "Felicidade é realizar sonhos, alcançar objetivos e conquistar coisas que nunca imaginei. Conseguir um emprego que possibilite essas conquistas, sem a ambição de querer mais do que o suficiente para viver bem, como uma casa própria para morar, um veículo para transitar e dar formação acadêmica para minha filha, que consegui. Viver rodeado de amigos, numa cidade acolhedora como a que vivo. Assim, sou feliz por ter realizado todos os objetivos que tracei para mim e para minha família. O que vier depois disso é lucro". Ele acrescentou: "Sinto-me feliz também quando ajudo alguém em necessidade. Só de vê-lo feliz, também fico feliz".

As opiniões sobre o termo "felicidade" são diversas. Acredito que cada pessoa, ao ser questionada, vai elencá-la e descrevê-la de acordo com suas vivências do momento ou, talvez, considerando experiências do passado. Aqui temos respostas que não são regras nem exceções. São os sentimentos e as opiniões de cada pessoa, que é única.

Para alguns, a felicidade pode estar no TER; para outros, no SER. Pode também estar no FAZER, no REALIZAR, entre tantos outros verbos que se relacionam com o substantivo o qual nos referimos aqui.

Cada um terá uma visão sobre esse sentimento e vai chegar a uma conclusão: se o possui sempre, frequentemente, de vez em quando, se já sentiu, mas não sente mais, ou até mesmo se acredita nunca ter alcançado a tal felicidade — o que acho improvável. Afinal, mesmo com as tristezas vividas ao longo da vida, penso que todos os seres humanos já desfrutaram de alguns, ou quem sabe, muitos momentos felizes.

A felicidade, tema de reportagens especiais de TV, músicas, filmes e livros, e procurada diuturnamente por todos, estará ao alcance de todos? Com a palavra, você, ser humano que está lendo este texto: o que é felicidade para você? Você se considera feliz?

Para mim, que na juventude achava que nunca seria plenamente feliz, devido a frustações comuns ao ser humano, hoje digo com segurança: a felicidade está ao nosso lado diariamente. Ela bate à nossa porta todos os dias; basta abrirmos nem que seja uma fresta. Se a deixarmos entrar, mesmo que por alguns momentos, ela resplandecerá como um raio de sol, tornando-se presença frequente, mesmo nos dias nublados, de ventania, poeira, chuva ou granizo. Pois ela está dentro de nós, nos nossos pensamentos, ações e no que fazemos delas.

Haverá dias tristes e momentos infelizes? Sim, claro; eles fazem parte da vida e servem para nos fortalecer e ensinar. Todavia, cabe a nós decidirmos se vamos nos deixar inundar pelas adversidades ou se vamos lutar com todas as forças para encontrarmos a felicidade, que não deve estar escondida ou fora do nosso alcance.

Acredito ser necessário refletirmos sobre isso de vez em quando, mas, mais do que isso, buscar e encontrar a felicidade nos pequenos — e grandes — momentos de união vividos ao lado das pessoas que amamos, em nossos lares, praticando o bem ao próximo, cuidando de nós mesmos (mente, corpo e alma), praticando esportes e lazer, entre outras ações saudáveis que proporcionam bem-estar.

O que desejo para mim, minha família e você, amigo leitor, é que a felicidade seja contínua e que ela prevaleça sobre toda tristeza que porventura venha a se instalar em seu coração, a ponto de contagiar quem estiver ao seu redor. Assim, ela morará ao lado e dentro de você!

GRATIDÃO: UMA CORRENTE PARA NOSSA EVOLUÇÃO

"Gratidão é privilégio de quem vê a vida com o coração". Essa frase faz parte da música "Gratidão", composta por Elinézia Costa Sena e interpretada de maneira tão bela e sublime pela cantora Rafa Gomes.

Sempre que ouço, sou inundada de pensamentos bons e, a depender do dia, me emociono ao constatar a pequenez de alguns problemas diários em relação à grandeza que tenho de poder desfrutar de uma vida abundante em saúde, com um lar para morar, comida à mesa, por constituir uma família unida, mesmo com alguns dissabores ocorridos no dia a dia — comuns a qualquer grupo familiar, por ter tido o dom de trazer ao mundo uma filha saudável e feliz, e por tantas outras bênçãos recebidas diariamente.

Como seres humanos falhos que somos, muitas vezes resmungamos por coisas tão pequenas, dificuldades encontradas pelo meio do caminho, além de problemas corriqueiros, que esquecemos de fazer resplandecer esse sentimento tão primordial para a nossa evolução: a gratidão.

Assim como diz a música, a gratidão transforma dias cinzas em inspiração; chumbo em ouro; choro em canção; e nos faz olhar para a dor do outro com mais compaixão.

A gratidão possibilita vermos a imensidão de coisas boas que temos nesta vida, que é um presente divino. Acredito que, quanto mais agradecemos, mais recebemos do universo.

Desde criança, aprendi com exemplos que a gratidão deve estar presente na normalidade do dia a dia e não somente nos momentos considerados grandiosos ou festivos, pois a vida comum que levamos — e que por vezes reclamamos que está chata e cansativa — pode ser o sonho de tantas outras pessoas, que ficariam imensamente gratas por poderem se levantar de uma cama e caminhar, por exemplo, porém não o fazem, devido a problemas de saúde.

O trabalho chato, que muitas vezes reclamamos por não ser aquele que gostaríamos, pode ser o sonho de outras pessoas desempregadas, que necessitam de um emprego para viverem de maneira digna e que com certeza gostariam de estar naquele lugar. Poderia mencionar muitas outras situações em que reclamamos excessivamente no lugar de agradecer, mas me ative aos dois exemplos que comumente ouvimos ou falamos — pelo menos eu.

Claro que todos podemos sonhar e lutar para crescer profissional e pessoalmente, mas penso que, até para galgarmos novos patamares de vida, devemos primeiro agradecer o que temos, enquanto batalhamos para conquistar novos ideais e sonhos.

Não podemos deixar de citar também a gratidão em face de nossos semelhantes, porque ninguém faz nada sozinho na vida. Assim, sejamos gratos também pelo ser humano que nos auxilia no dia a dia, que nos atende nos estabelecimentos escolares, de saúde, comércio, entre tantos outros. Como diz a frase do filósofo romano Sêneca: "Quem acolhe um benefício com gratidão, paga a primeira prestação da sua vida".

Sejamos sempre gratos!

APRENDENDO COM AS CRIANÇAS

Crianças são excelentes professores. Elas possuem graduação, pós-graduação, e são Ph.D* em tantas áreas que fica difícil enumerar.

Nós, adultos, muitas vezes achamos que somos os experts, com doutorado e pós-doutorado no que tange ao conhecimento e à transmissão dele aos pequenos que nos rodeiam. Ledo engano.

Nossos conhecimentos são bem mais rasos do que imaginamos, quando nos pegamos "tête-à-tête" com os pequeninos seres humanos. Podemos ensiná-los as primeiras palavras, os primeiros passos, como andar de bicicleta, o alfabeto, bem como a junção das letras para formar frases, entre outras ações cotidianas. Entretanto, nossos conhecimentos não são nada perto dos saberes e da sagacidade das crianças.

Claro que, como adultos, somos as referências dos pequeninos, que aprendem o básico e necessário da vida com os ensinamentos e exemplos de seus pais e/ou responsáveis.

---

* Sigla para Doctor of Philosophy; título para quem conclui um doutorado no exterior.

Todavia, ao conviver com crianças, percebemos quão pouco sabemos e transmitimos a elas diante do que nos ensinam diariamente. Não sei por que, mas parece que, quando nos tornamos adultos, vamos esquecendo algumas regras básicas do dia a dia. Aí elas entram para nos relembrar e até ensinar.

Eu, que me achava a sabichona da língua portuguesa, por exemplo, já fui corrigida várias vezes por minha filha ao pronunciar palavras erradas. Não bastasse isso, ela já me deu aula de ciências — sobre o corpo humano —, entre outros assuntos que me deixam de cabelo em pé. Ao tentar tirar dúvidas de matemática e inglês, quem acabou aprendendo fui eu, que já não tenho afinidade com tais disciplinas.

Os ensinamentos não param por aí. Eles são diários. Ela já me ensinou sobre os planetas; como se formam as precipitações (chuvas); o que provoca as chuvas com granizo, os trovões e raios. E ainda me alertou que não podemos usar o termo "escravos" e sim "escravizados", nem mencionar "índios" e sim "povos indígenas".

Assim como minha filha me ensina diariamente o que aprende na escola e também vendo vídeos da internet — a temida também ensina —, todas as crianças têm o dom de nos ensinar muito mais do que nós as ensinamos ao longo da infância e na convivência.

Eu mesma aprendi com minha irmã, à época com nove anos, que estava "matando" a faixa de pedestres, quando parei com o carro bem em cima da sinalização de trânsito. O fato aconteceu quando a levava para um compromisso e acabei por receber esse lembrete, acompanhado de um puxão de orelha.

A adulta aqui, com 24 anos na ocasião, resgatou naquele momento o ensinamento obtido nas aulas de trânsito, mas que, por um descuido e até negligência, eu estava infringindo. Foi preciso uma criança dar o alerta para eu perceber.

Hoje, sempre que chego a uma faixa de pedestre enquanto dirijo, lembro-me do episódio e do ensinamento passado por minha irmã quando criança.

Os aprendizados obtidos com as crianças com as quais convivo são tantos que levaria páginas e páginas para discorrer. Todavia, acho que não é preciso que anotemos. Basta ouvirmos os pequeninos que nos rodeiam ou passam por nossa vida.

Ouçamos as crianças! Os aprendizados são garantidos todos os dias! Com elas, aprendemos sobre ciências humanas e sociais, matemática, física, química, línguas, e ainda é possível resgatarmos sentimentos escondidos dentro do nosso eu, como o amor, o perdão, a gentileza, a tolerância, a humildade e a alegria.

Quer professores e ensinamentos melhores do que esses?

NATAL

Natal. Qual significado desse termo para você, caro leitor?

Quando perguntei à minha filha de onze anos o que ela entendia sobre Natal, ela disse: "É uma celebração para ficar com a família e lembrar do nascimento de Jesus". Mãe coruja que sou, fiquei derretida com a resposta, já que também compartilho do mesmo pensamento.

Para nós, cristãos, a data é uma celebração que lembra o nascimento de Jesus Cristo, o filho de Deus, que veio para salvar o mundo.

Enquanto alguns celebram o Natal, outros não comemoram, devido à religião que seguem ou à falta dela. E como vivemos num país livre, cada um acredita no que quiser e, também, em conformidade com a criação familiar que teve. Todos devemos respeitar as crenças de cada pessoa.

O fato é que, independentemente da religião de cada um, milhões de pessoas comemoram a data em vários lugares do mundo, reunindo-se com familiares e amigos, em confraternizações à noite e durante o dia, vivendo momentos de união, integração e até de reencontros, já que essa data pode propiciar a aproximação de pessoas que não se veem com frequência por variados motivos.

Para muitos, principalmente as crianças, a data festiva é aguardada ansiosamente ao longo do ano, pois é o momento de saber se alguns desejos serão realizados pelo bom velhinho, o Papai Noel.

Para tantos outros, o Natal causa tristeza, por não terem mais a presença física de algum ou alguns familiares que já não se encontram no plano terrestre.

Há também aqueles que, mesmo com as dores guardadas no peito pela partida física de um ente querido, doença na família, entre outros problemas vividos, fazem questão de manter a tradição e seguir com os encontros festivos, para celebrar o nascimento de Jesus e agradecer o dom da vida e por todas as bênçãos recebidas.

Existem ainda aqueles que, nessa época do ano, realizam diversos atos de caridade em prol de famílias, crianças e entidades, já que o espírito natalino de fraternidade invade muitos corações, fazendo aflorar ainda mais atitudes solidárias nas pessoas. Isso é lindo de se ver! E de se fazer também!

Assim como tudo na vida, há os que amam o Natal, os que gostam, os que não gostam e aqueles que seguem indiferentes à referida data.

Todavia, independentemente da crença e do momento de cada ser humano, que é único, acredito que, assim como em datas festivas como essa, devemos nos dedicar ao próximo e à construção de um mundo melhor ao longo de todo ano. E por que não, assim como as crianças, reabastecer-nos diariamente de doses de magia, lutando e acreditando que nossos sonhos serão realizados? Afinal, aquilo que pensamos e batalhamos para conquistar um dia será alcançado!

    Hoje e todos os dias, desejo a você, amigo leitor, uma Feliz Vida!

UM NOVO TEMPO

Sempre chega a hora da despedida de um ciclo. O ano fecha as portas e nós, que vivemos contando e atropelando as horas e os minutos para realizar diversas atividades no dia a dia, às vezes nos pegamos assustados com o passar do tempo.

Até outro dia era janeiro. Depois, num piscar de olhos, entre uma prosa e outra, comentamos, assustados, que chegamos ao meio do ano. E, de repente, já é dezembro. Logo, janeiro do outro ano encontra-se batendo à nossa porta.

Conversa vai, conversa vem, e nos últimos ciclos tenho ouvido as mesmas expressões em vários diálogos: "O tempo está voando!", "Não vi o ano passar!", "Logo será Carnaval novamente", "Meus filhos cresceram e não vi". E por aí vai.

Nessa vida louca que muitos de nós vivemos, entre inúmeros compromissos profissionais, familiares e de lazer, sem contar o tempo "investido" deslizando os dedos na tela do celular, esquecemos que o tempo é o mesmo de sempre. Um ano tem 365 dias, ou 366, quando é bissexto (a cada quatro anos). Então, por que temos a impressão de que o relógio está acelerado demais, que os dias e os anos estão voando sem percebermos?

Será que é a evolução tecnológica, que tanto nos auxilia, mas também nos absorve? Ou será que estamos querendo fazer cada vez mais no mesmo tempo disponível, desejando, por vezes, duplicar as horas do dia? São tantas indagações que surgem, principalmente no fim do ano. Acho que devemos, sim, dedicar esses momentos para refletir sobre como estamos usando o nosso tempo.

O momento ideal para essas análises é agora e todos os dias; seja no fim ou no início de um ano.

O importante, a meu ver, é que sempre que possível nos permitamos refletir sobre como estamos levando nossa vida, que é um presente divino. Assim, poderemos aproveitar da melhor forma essas 24 horas que recebemos a cada dia, realizando as atividades diárias, como trabalhar e estudar, mas também reservando tempo para momentos de integração com a família e os amigos.

Sabendo dividir as horas do dia, como certa vez me disse sabiamente uma psicóloga, podemos ter tempo de qualidade para tudo o que nos propusermos a fazer, inclusive para curtir as pessoas queridas e deixar boas memórias.

Desejo a você, caro leitor, a mim e aos meus também, claro, um novo tempo, todos os dias e todos os anos! Que a esperança tão presente neste período renasça em todos os amanheceres, para que vivamos de fato um novo ciclo, contemplando-o intensamente.

FONTE Baskerville, Le Monde Courrier
PAPEL Pólen Natural 80 g/m²
IMPRESSÃO Paym